ALBUM

DU

MÉNESTREL.

Typ. et Lith. de APPERT fils et VAVASSEUR,
passage du Caire, 54.—Paris.

ALBUM

DU

MÉNESTREL.

Recueil de Romances & Chansonnettes nouvelles

DES MEILLEURS AUTEURS,

CHANTÉES DANS LES PRINCIPAUX CONCERTS ET SUR LES THÉATRES DE PARIS.
Par MM. Achard, Béfort, Chaudesaigues, Darcier, Duprez,
Géraldy, Gozora, Hoffmann, Kelm, Levassor, Lincelle,
Ponchard, Poultier, Roger, Sainte-Foy, Tagliafico, Wartel.
Mmes Damoreau-Cinti, Darcier, Dorus-Gras, Félix, Iweins-
d'Hennin, Lefébure-Wély, Révilly, Sabatier, Stolz, Ugalde-
Beaucé, Élodie Vaillant.

DEUXIÈME ~~PREMIER~~ VOLUME,

ORNÉ DE CINQ GRAVURES ET CINQ PORTRAITS D'ARTISTES,
Précédés de Notices Littéraires et Biographiques.

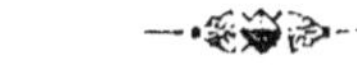

Prix : 2 Francs.

PARIS,

LIBRAIRIE SPÉCIALE DE CHANT ET MAGASIN DE MUSIQUE
de L. VIEILLOT, édit. des chansons de MM. L. FESTEAU & A. JACQUEMART,
32, *rue Notre-Dame-de-Nazareth.*

—

1849.

LE ROYAL TAMBOUR

CHANSONNETTE

Chantée par **M. TAGLIAFICO,**
Du théâtre Italien,
Aux Concerts du *Ménestrel.*

Paroles de M. Émile BARATEAU,
Musique de M. Étienne ARNAUD.

La Musique se trouve, à Paris, chez MM. HEUGEL et Cie,
éditeur, 2 bis, rue Vivienne.

Je suis royal tambour,
J'aime ma Pomponnette,
Dont la main si coquette,
Me mène à la baguette,
A la baguette,
Comme on fait au royal séjour,
Aussi ma Pomponnette,
Ma Pomponnette est ma Pompadour ;
Ma Pomponnette, c'est ma Pompadour.
Oui, c'est la Pompadour
Du royal tambour.

Frais carmin sur la bouche,
Poudre dans les cheveux,

Sur la joue, une mouche
Moins noire que ses yeux ;
Une taille qui penche,
Légère et sans effort,
Une main douce et blanche,
Petite et frappant fort.
          Ah !

Je suis royal tambour, etc.

OEil qui vous assassine,
Sans remords, sans pitié,
Un pied qui, certe en Chine,
Serait un petit pied ;
Un vrai cœur de tigresse,
Qui ne plaisentant pas,
Par excès de tendresse,
Me met toujours au pas.
          Ah !

Je suis royal tambour, etc.

Pour toi, viennent lui dire
Les galans de la cour,
Nous souffrons le martyre
Et nous mourons d'amour.
Des galans, la cruelle,
N'entend pas les discours ;
Mais moi, tambour fidèle,
Elle m'entend toujours.
          Ah !

Je suis royal tambour,
J'aime ma Pomponnette,

Dont la main si coquette
Me mène à la baguette,
A la baguette,
Comme on fait au royal séjour,
Aussi ma Pomponnette,
Ma Pomponnette est ma Pompadour ;
Ma Pomponnette, c'est ma Pompadour,
Oui, c'est la Pompadour
Du royal tambour.

LA BATELIÈRE DU RHIN.

Paroles de M. G. LEMOINE, musique de Mlle L. PUGET.

La Musique chez M. MEISSONNIER, 18, *rue Dauphine.*

Ne rame plus, la belle batelière ;
Ne rame plus, en chantant sur le Rhin ;
Le feu du ciel a brûlé ta chaumière ;
Tout a péri, ton malheur est certain.
— Et pourquoi donc me désoler,
Si mon fiancé m'est fidèle ?
L'amour saura me consoler,
Et pauvre, en serai-je moins belle ?
Tant que le ciel bénira tes amours,
Rame, Mina, rame, rame toujours !   } *bis.*

Ne rame plus, la belle batelière ;
Ne rame plus, ce n'est pas tout encor ;
Car, en voulant préserver ta chaumière,
Ton fiancé, Franck le chasseur est mort !

Mais cette fois, frappée au cœur,
Sans dire un mot, la pauvre fille,
Pâle tomba, comme une fleur,
Comme une fleur sous la faucille!
Puisque le ciel t'a ravi tes amours,
Pauvre Mina, qu'il prenne aussi tes jours!

Reviens à toi, la belle batelière !
Reviens à toi; ton malheur n'est pas grand !
Je t'ai trompée... auprès de ta chaumière,
Franck le chasseur est là-bas qui t'attend!
   Mais à ce mot, la pauvre enfant,
   Qui tout à l'heure semblait morte,
   Sur ses deux pieds très lestement,
   Se releva joyeuse et forte.
Puisque le ciel t'a gardé tes amours,   ⎫
Rame, Mina, rame, en chantant toujours! ⎬ *bis.*
                                         ⎭

RITA L'ESPAGNOLE.

BOLÉRO.

Air : *Nonette jolie.*

Rita l'andalouse,
Légère à ravir,
Court sur la pelouse
Du Guadalquivir ;
Quand la folle brise
Courbe les roseaux,

Qu'elle s'harmonise
Au chant des oiseaux,
Rita, loin du monde,
Se plaît en ces lieux,
Ecoutant de l'onde
Le concert joyeux ;
Son regard s'arrête
Sur les blancs caillous :
Ma belle distraite,
A qui songez-vous ?
Est-ce à don Mendoce,
Brillant écuyer,
Qui, de Sarragosse,
S'en vint l'an dernier ?
Ne donnant que fêtes,
Tournois et galas,
Il tourna les têtes
De nos signoras ;
Mais son œil de flamme,
Vous trouvait, madame,
La seule à son goût,
Et puisque, seulette,
Vous rêvez ainsi,
Peut-être, coquette,
L'aimez-vous aussi ?
— Non, je suis sincère,
Au beau cavalier,
Mon âme préfère
Juan le muletier !

DALÈS aîné.

LE MENDIANT D'AMOUR.

Paroles de M. A. GOURDIN, musique de M. J.-J. MASSET.
La Musique au Bureau Central, 29, place de la Bourse.

Pauvre mendiant d'amour,
   Voyez ma misère :
Criant merci, nuit et jour,
   Je vais sur la terre ;
Un regard de vos doux yeux
Rendrait mon cœur si joyeux !
    Pitié, mesdames,
    Que dans vos âmes
La charité règne à son tour :
    Heureux qui donne !
    Faites l'aumône   } *bis.*
Au pauvre mendiant d'amour !

Chaque soir tombe une fleur
   De votre ceinture ;
Moi, je ferais mon bonheur,
   De cette parure ;
Mes baisers la couvriraient,
Et tous mes maux s'oublîraient !
    Pitié, mesdames, etc.

Rêve d'or ! en mon chemin,
   Qu'une de vous vienne,
Et que je sente sa main
   Trembler dans la mienne...
De mon culte à ses genoux,
Dieu même serait jaloux !...
    Pitié, mesdames, etc.

MA VIGNE

CHANT RUSTIQUE

Chanté par M. André **HOFFMANN**,

Au théâtre des Variétés ;

Et par **M. DARCIER**,

Aux concerts de la Fraternité (Salle Martel).

Paroles et musique de M. Pierre DUPONT.

*La Musique se trouve, à Paris, chez M. BRULLÉ,
éditeur, 16, passage des Panoramas.*

Cette côte à l'abri du vent,
Qui se chauffe au soleil levant
Comme un vert lézard, c'est ma vigne.
Le terrain en pierre à fusil
Résonne et fait feu sous l'outil ;
Le plant descend en droite ligne
Du fin bourgeon qui fut planté
Par notre bisaïeul Noé...

Bon Français, quand je vois mon verre
Plein de son vin couleur de feu,
Je songe, en remerciant Dieu,
Qu'ils n'en ont pas (*bis*) dans l'Angleterre (*bis*.)

ALBUM DU MÉNESTREL.

Au printemps ma vigne en sa fleur,
D'une fillette a la pâleur;
L'été c'est une fiancée
Qui fait craquer son corset vert;
A l'automne tout s'est ouvert,
C'est la vendange et la presssée;
En hiver, pendant son sommeil,
Son vin remplace le soleil.
    Bon Français, etc.

La cave où mon vin est serré
Est un vieux couvent effrondré,
Voûté comme une vieille église;
Quand j'y descends, je marche droit.
De mon vieux vin, je bois un doigt,
Un doigt... deux doigts... et je me grise:
A moi le mur!... et le pilier!...
Je ne trouve plus l'escalier.
    Bon Français, etc.

La vigne est un arbre divin,
La vigne est la mère du vin,
Respectons cette vieille mère,
La nourrice de cinq mille ans,
Qui, pour endormir ses enfans,
Leur donne à téter dans un verre;
La vigne est mère des amours,
O ma Jeanne, buvons toujours.

Bon Français, quand je vois mon verre
Plein de son vin couleur de feu,
Je songe en remerciant Dieu,
Qu'ils n'en ont pas (*bis*) dans l'Angleterre (*bis*.)

LES MYSTÈRES DE PROVINCE.

Paroles de M. F. DE COURCY, musique de M. CLAPISSON.
La Musique chez M. MEISSONNIER fils, 18, *r. Dauphine.*

Dans ces murs vieux comme le temps,
De l'ennui, paisible domaine,
Où l'on compte, bêtes et gens,
Quatre mille habitans à peine ;
Satan a plus d'un agrégé...
En un mot, c'est, pour la morale,
Pour les cancans, pour le scandale,
La capitale en abrégé.
    Le diable, par tous pays,
    A sa part qui n'est pas mince ;
    Les mystères de province
    Valent bien ceux de Paris.

Dans cette rue, où l'herbe croît,
A cette fenêtre en ogive,
Comme une madone l'on voit
Une jeune fille pensive ;
De paix, de calme environné,
Son destin semble heureux sur terre ;
Mais dans son âme est un mystère...
Que l'amour seul a deviné !
    Le diable, etc.

En province, depuis Scarron,
Que de mystères de coulisses !...
Les petits souliers de carton,
Les dents d'ivoire des actrices...
L'œil d'émail du jeune premier,
Qui vient soupirer sa complainte

Avec un frac de toile peinte
Et des manchettes de papier !
    Le diable, etc.

Le maître du château voisin,
Vieux mari d'une jeune blonde,
Laissa là sa femme, un matin,
Pour s'en aller dans l'autre monde ;
Or, depuis cet événement,
Au château, sinistre symptôme !
A minuit se glisse un fantôme...
Qui n'a pas l'air d'un revenant...
    Le diable, etc.

La belle-sœur du sous-préfet
En veut à la femme du maire,
Qui, lui-même, en veut en secret
Au fils de ce fonctionnaire,
Qui, lui-même, c'est avéré,
En veut au nouveau secrétaire,
Qui, lui-même, en veut au notaire,
Qui, lui-même, en veut au curé...
    Le diable, etc.

Chez deux gros bonnets de l'endroit,
Monsieur un tel, madame chose,
Avec terreur on aperçoit
Volets fermés et porte close !
Que font-ils ?... en vain nous cherchons...
Là-dessus mille conjectures...
Madame fait ses confitures
Et monsieur fait ses cornichons.
    Le diable, etc.

FRÉDÉRIC
OU LES TROIS PORTES.

Air *des Trois Ages* (A. MARQUERIE).

Il avait, malgré sa détresse,
Le visage ouvert et riant,
Le vent jetait une caresse
A ses cheveux d'étudiant ;
Tenant une rose à sa bouche,
A plus d'une porte, il heurtait,
Et partout il ne récoltait
Qu'un sourire amer et farouche.
Je n'ai plus, ô sexe moqueur,
Rien que cette rose et mon cœur ! } *bis.*

Je vous connus, j'étais candide,
Et vous, veuve de dix hymens ;
Pour vous faire un chemin splendide,
J'ai versé l'or à pleine mains ;
Irma, lorsque ma voix implore
L'aumône d'un pauvre baiser,
Quoi ! vous osez me refuser ;
Ah ! vous m'en redevez encore.
    Je n'ai plus, etc.

Ma bouche vous fit souvent taire,
Zoé, quand, le front radieux,

Vous prétendiez que de la terre
Le bonheur gisait dans mes yeux.
Ma plainte vous rend soucieuse,
Votre front uni s'est plissé,
Le temps de l'amour est passé ;
Ah ! vous êtes ambitieuse.
       Je n'ai plus, etc.

Dernier astre de mes folies,
Il me souvient encor, Laura,
Que vous admiriez mes saillies
Au dernier bal de l'Opéra.
Dans votre adieu, votre voix pleure ;
Vous adoucissez mon congé.
Par mon cœur le vôtre est jugé :
Des trois vous êtes la meilleure.
       Je n'ai plus, etc.

Des souvenirs de mon enfance,
Edwige, tu prends large part ;
D'un sourire gros d'espérance
Tu me saluas au départ.
D'amour pur ma lèvre est avide,
Avec mes erreurs j'ai fini ;
Je reviens à mon premier nid ;
Trouverai-je ma place vide ?
En dépit d'un sexe moqueur,
Accepte et ma rose et mon cœur.   } *bis.*

Charles GILLE.

Paris.— L. VIEILLOT, éditeur et seul propriétaire,
32, rue Notre-Dame-de-Nazareth.

Paris.—Typ. Appert fils et Vavasseur, pass. du Caire, 54.

LA QUÊTEUSE

OU

POUR LES PAUVRES S'IL VOUS PLAIT?

ROMANCE

Chantée par **M. PONCHARD,**

Aux Concerts du *Ménestrel.*

Paroles de M. G. LEMOINE, musique de Mlle L. PUGET.

La Musique chez M. HEUGEL, *édit., 2 bis, rue Vivienne.*

Avez-vous connu Fanchette,
La filleule du Seigneur,
Qui, les jours de grande fête,
Allait quêter pour le malheur?
Ah! qu'elle était joliette,
Frais minois, et blonds cheveux!
Et chacun nommait Fanchette,
La quêteuse aux jolis yeux;
  Ah! ah! ah!
Jamais on ne refusait,
  Ah! ah! ah!
Quand sa douce voix disait :

 A Fanchette,
 Pour la quête,
Donnez, donnez sans regret,
 Nobles dames,
 Bonnes âmes,
Pour les pauvres, s'il vous plaît!

Album du Ménestrel. 2e v.   *2e Livraison.*

1851

Un beau jour, elle s'arrête
A la porte d'un castel,
A frapper elle s'apprête,
En invoquant tout bas le Ciel;
Mais à sa voix suppliante
L'intendant répond soudain :
« Vite hors d'ici, mendiante !
Et passez votre chemin; »
  Ah ! ah ! ah !
Ah ! combien elle tremblait,
  Ah ! ah ! ah !
Et pourtant sa voix disait :
  A Fanchette, etc.

Sous les pleurs, brillaient ses charmes;
Le seigneur passe en ces lieux,
Quoi! l'on fait couler tes larmes,
O ma quêteuse aux jolis yeux !
Mais de ce riche domaine,
Le témoin de ta douleur,
Je veux que tu sois la Reine,
Toi la reine de mon cœur !
Le lendemain à l'église,
Les pauvres avaient de l'or,
Car la nouvelle marquise
A sa cour disait encor :

  A Fanchette,
  Pour la quête,
Donnez, donnez sans regret,
  Nobles dames,
  Bonnes âmes,
Pour les pauvres, s'il vous plaît !

FERNAND CORTÈS.

CANTATE.

AIR *du Palais des papes* (Étienne MERLE.)

Nous suivrons le guerrier qui guida nos phalanges,
Lorsqu'elles s'égaraient sur les gouffres amers.
Marin, il mérita notre amour, nos louanges,
Sa bravoure éprouvée a triomphé des mers,
Nous venons pour unir à la grande famille
Ce vieux peuple d'enfants sauvages et rusés,
Qui s'enfuit plein d'effroi devant l'éclair qui brille
    Au bout de nos fusils bronzés.

Marchons sans redouter les périls, les orages,
Entre l'Espagne et nous la mer étend ses eaux,
Marchons, le ciel sourit à nos mâles courages,
Marchons, Fernand Cortès a brûlé ses vaisseaux.

On dit qu'ils ont bâti mille palais superbes,
Où l'or couvre les murs et fascine les yeux,
Qu'ils ont des diamans qui réunis en gerbes
Charmeraient les regards de vingt rois orgueilleux.
— Chaque fleur sous nos pas est brillante et nouvelle,
Nous sentons son parfum sans son utilité,
Il se peut que demain un savant y révèle,
    Un beaume pour l'humanité.
      Marchons, etc.

On dit qu'ils ont aussi des vierges destinées,
Dès leur plus douce enfance au culte du soleil,

Au plus dur célibat elles sont condamnées,
Et l'ennui bien souvent pâlit leur front vermeil.
Étends les bras vers nous, pauvre fille asservie !
Des saintes voluptés pour toi luira le jour,
Tu verras refleurir les roses de la vie
    Sous les rayons de notre amour.
      Marchons, etc.

On dit qu'ils ont encor des prêtres fanatiques,
Qui, pareils aux vainqueurs des empereurs romains,
Mélant l'assassinat à leurs fougueux cantiques,
Jusqu'aux pieds des autels immolent des humains ;
Ils subiront le poids d'une juste colère,
Nous les ferons courber leurs rebelles genoux
Devant le front auguste et la main tutélaire
    De celui qui mourut pour nous.
      Marchons, etc.

Le feu s'envole au ciel rejoindre la fumée,
La cendre au vol des vents s'abandonne à son tour,
C'en est fait, maintenant la flotte est consumée.
Nous devons vaincre, amis, sans espoir de retour,
Avec le cœur du chef tout cœur ici concorde,
Nul pli n'a sillonné nos fronts insoucieux,
Priez, prêtres du Christ, que votre maître accorde
    La victoire aux audacieux.

Marchons sans redouter les périls, les orages,
Entre l'Espagne et nous la mer étend ses eaux,
Marchons ! le ciel sourit à nos mâles courages,
Marchons ! Fernand Cortès a brûlé ses vaisseaux !

Charles GILLE.

DORMEZ, CHÈRES AMOURS

Paroles et musique de M. Amédée DE BEAUPLAN.

La Musique chez M. HEU, 10, *r. de la Chaussée-d'Antin.*

Reposons-nous ici tous deux,
Goûtons le charme de ces lieux,
Qu'un doux sommeil ferme vos yeux :
Que le bruit de l'onde se mêle
Aux doux accents de Philomèle.

Dormez, dormez, chères amours,
Pour vous je veillerai toujours,
Dormez, dormez, chères amours,
Dormez, dormez, pour vous je veillerai toujours. (*bis.*)

Au sein de ces vastes forêts,
Si l'ombre de ces bois épais,
De votre cœur trouble la paix,
Chassez une crainte funeste,
Auprès de vous votre ami reste :
Dormez, dormez, etc.

Vos yeux se ferment doucement,
Je vais chanter plus lentement :
Heureuse d'un songe charmant,
Puissiez-vous être ramenée
Aux doux instants de la journée !

Dormez, dormez, chères amours,
Pour vous je veillerai toujours,
Dormez, dormez, chères amours,
Dormez, dormez, pour vous je veillerai toujours. (*bis.*)

LE CIEL DU PAYS.

Paroles et musique de M. Aristide de LATOUR.

La Musique chez M. A. LEDUC, *édit.*, 18, *rue Vivienne.*

Voici le toit qu'habitait ma compagne,
Où mon vieux père à ses derniers instans,
Le front serein, bénit mes jeunes ans,
J'entends déjà le chant de la montagne :   (*bis.*)
Vallon sacré,
Où j'ai pleuré,
Patrie—Chérie,
Ici toujours,
Ici toujours sont mes beaux jours,
Mon cœur et mes amours !

Oh ! bien souvent dans mes jours de souffrance,
Tes doux refrains me souriaient encor ;
Et je gardais pour unique trésor
Le souvenir des jours de mon enfance :   (*bis.*)
Vallon sacré, etc.

Ton ciel si pur, ton beau ciel est le même,
Je vais goûter désormais le bonheur !
Oh ! dans ce jour tout sourit à mon cœur,
Je vais revoir une mère que j'aime !
Vallon sacré,
Où j'ai pleuré,
Patrie—Chérie,
Ici toujours,
Ici toujours sont mes beaux jours,
Mon cœur et mes amours !

LA MUSETTE NEUVE

CHANT RUSTIQUE

Chanté par **M. André HOFFMANN**, au théâtre des Variétés.
Paroles et musique de M. Pierre DUPONT,
La Musique chez M. BRULLÉ, 16, *pass. des Panoramas.*

Qu'on m'apporte du houx,
Pour y percer trois trous !
Oh ! la bonne amusette,
    Lon la !
Du houx, du buis ou du sureau,
Avec une peau de chevreau,
Pour faire une musette,
    Lon la !
Pour chanter mes amours,
Tout le long de mes jours.

Ma Jeanne, je t'aime,
Je t'offre mon cœur,   *bis.*)
Garde-le de même
Qu'un muguet en fleur ;
Ma Jeanne est plus belle
Que le ciel et l'eau ;   (*bis.*)
Elle est plus cruelle
Qu'un coup de couteau.
Qu'on m'apporte, etc.

J'ai pour la coquette,
Sous mes gros sabots,   (*bis.*)
Brisé ma musette
Aux fredons si beaux ,

Qui dans les familles
Depuis six cents ans,   (*bis.*)
Mariait les filles
De nos paysans.
Qu'on m'apporte , etc.

Musette nouvelle ,
Il faut l'attendrir !   (*bis.*)
Sinon la cruelle ,
Me fera mourir ;
Jusqu'à la rivière
Je cours comme un fou,   (*bis.*)
J'y prends une pierre ,
L'attache à mon cou.

(Le chanteur devra aller d'un couplet à l'autre sans le refrain.)

J'attache la pierre,
A genoux au bord ,   (*bis.*)
Disant ma prière
Pour braver la mort ;
Et sous l'eau muette
Iront sans nager,   (*bis.*)
Amour et musette,
Musette et berger.

Qu'on m'apporte du houx,
Pour y percer trois trous !
Oh ! la bonne amusette,
        Lon la !
Du houx, du buis ou du sureau,
Avec une peau de chevreau .
Pour faire une musette,
        Lon la !
Pour chanter mes amours,
Tout le long de mes jours.

LE BRASSEUR DE PRESTON

RONDE

Chantée par **M. CHOLLET,**
Au théâtre de l'Opéra-Comique.

Paroles de MM. Leuven et Brunswick,
Musique de M. Adolphe Adam.

Joli brasseur
De mon cœur,
Veux-tu pour la vie
Du bonheur,
Que la paresse ennemie
Soit bannie ;   } bis.
Et du soir au matin,
Repète ce refrain :   } bis.

Brasse, brasse, brasse,
Que rien ne te lasse ;
Brasse, brasse, brasse,
Gentil brasseur !
Et la ville entière
Se montrera fière
De ta bonne bière,
Et de ton ardeur !
Brasse, brasse, brasse,
Que rien ne te lasse,
Brasse, brasse, brasse,
Gentil brasseur !

Brasse, brasse,
Sans que rien ne te lasse,
Brasse, brasse, brasse, brasse,
Gentil brasseur !

Si par amour,
Un beau jour,
Tu prends une femme
Faite au tour, } *bis.*
Si tu veux captiver l'âme
De madame , } *bis.*
Époux tendre et galant,
Ne sois pas fainéant...
Brasse, brasse, brasse ,
Que rien ne te lasse,
Brasse, brasse, brasse,
Gentil brasseur !
Et la ville entière,
Se montrera fière,
De ta bonne bière ,
Et de ton ardeur !
Brasse, brasse, brasse,
Que rien ne te lasse ,
Brasse, brasse, brasse,
Gentil brasseur !
Brasse, brasse,
Sans que rien ne te lasse,
Brasse, brasse, brasse, brasse,
Gentil brasseur.

LE VIEUX PÈRE LAJOIE.

CHANSONNETTE.

Chantée par M. Joseph **KELM,**

De l'Opéra national.

Paroles et musique de M. Frédéric BÉRAT.

La Musique se trouve, à Paris, chez M. CHALLIOT,
éditeur, 354, rue Saint-Honoré.

Je suis connu dans la Savoie
Pour mes bons mots et mes chansons :
Informez-vous du vieux père Lajoie
A nos mamans, nos filles, nos garçons.
Le pauvre à qui l'on donne,
Le vieux soldat qui boit,
La fille qui moissonne,
L'enfant qui part et l'enfant qu'on revoit ;
Tous ces refrains que chacun vous fredonne,
C'est à moi qu'on les doit.

Et zon zon zon, la farira dondaine,
Et zon zon, la farira dondon,
La farira dondaine,
La farira dondon.

Pour le jeune cœur qui soupire
J'ai des refrains tendres et doux,
Joyeux couplets, chansons à boire, à rire,
Chansons d'amour, j'en ai pour tous les goûts.
Chanter, voilà ma vie,
Et quel heureux destin,
Sur l'herbe refleurie,
Chaque dimanche, au son du tambourin,
Autour de moi quand la foule ravie
Applaudit mon refrain.

Et zon zon zon, etc.

Quoiqu'aidant plus d'une famille
Aux jours des mauvaises moissons,
J'ai, l'an dernier, j'ai doté notre fille,
De cent écus, produit de mes chansons.
Mon Dieu ! j'ai fait sur terre,
J'ai fait, pour notre enfant,
Ce que je devais faire.
Quand vous voudrez, là-haut, le cœur content,
Je partirai pour rejoindre sa mère,
Sa mère qui m'attend.

Et zon zon zon, la farira dondaine,
Et zon zon, la farira dondon,
La farira dondaine,
La farira dondon.

Paris. — L. VIEILLOT, éditeur et seul propriétaire,
32, rue Notre-Dame-de-Nazareth.

Typ. de Appert fils et Vavasseur, pass. du Caire, 54.

LES LOUIS D'OR.

CHANT RUSTIQUE.

Chanté par M. André HOFFMANN, au théâtre des Variétés.

Paroles et musique de M. Pierre DUPONT.

La musique se trouve à Paris chez M. BRULLÉ,
éditeur, 16, passage des Panoramas.

Un soir le long de la rivière,
Sous l'ombre des noirs peupliers,
Près du moulin de la meunière
Passait un homme de six pieds ;
Il avait la moustache grise,
Le chapeau rond, le manteau bleu ;
Dans ses cheveux soufflait la bise.
C'était le diable ou le bon Dieu.
Sa voix qui sonnait comme un cuivre.
Et qui rendait le son du cor,
Me dit : « Au bois il faut me suivre,
» Je te promets cent louis d'or ! »

— Je le suivis sans résistance,
Par son œil rouge ensorcelé ;
Il m'aurait montré la potence,
Que je n'aurais pas reculé ;
Il marchait plus vite qu'un lièvre
Et n'avait pas l'air de courir ;
La frayeur me donnait la fièvre,
Je croyais que j'allais mourir.
Mais lui, pour me faire revivre,
Disait, rendant le son du cor :

« Au fond du bois il faut me suivre,
» Je te promets cent louis d'or ! »

— Au fond du bois nous arrivâmes ;
Il faisait nuit, les arbres verts
Jetaient dans l'air de vertes flammes,
Je crus entrer dans les enfers ;
Je vois un éclair effroyable
Défigurer mon inconnu :
Holà ! je reconnais le diable
A sa queue, à son front cornu ;
Il me fait voir ouvert un livre
Où rien n'était écrit encor,
Et me dit de sa voix de cuivre :
« Veux-tu gagner cent louis d'or ! »

Jure ton sang, jure ton âme,
Jure le diable et jure Dieu
Que tu n'épouseras pas femme
Ni du hameau ni d'autre lieu,
Au moins avant ta quarantaine,
Et qu'on te verra tous les jours
Courir de fredaine en fredaine,
Sans te fixer dans tes amours.
Quand sa griffe eut rougi le livre,
Sa voix résonna comme un cor ;
Il me dit : « Signe et je te livre
» En or sonnant, cent louis d'or !

Au lieu de signer sur la page,
Où le diable avait mis ses doigts,
Je songeai qu'il était plus sage
De faire un grand signe de croix.
Le diable partit en fumée,
Et je fus transporté soudain

Chez ma meunière bien-aimée ;
Dans une chambre du moulin,
Elle disait : Tiens, je te livre
Mon cœur, mon moulin, mon trésor ;
Elle avait en gros sous de cuivre,
La belle avait cent louis d'or !

ADIEU MES FLEURS CHÉRIES

ROMANCE.

Paroles de M. H. GUÉRIN, musique de J. VIMEUX.

La musique se trouve à Paris, chez M. HEUGEL,
éditeur, 2 bis, rue Vivienne.

Riantes fleurs, mes protégées,
Frais trésor que soignait ma main
Sous nos charmilles ombragées,
Riantes fleurs, mes protégées,
Je me marie et pars demain !..   *(bis.)*
Oh ! pourquoi deux patries ?
Hélas ! a-t-on deux cœurs ?
Adieu, mes fleurs chéries,   } *bis.*
Adieu, mes jeunes fleurs !..

Oui, demain je me marie,
La, la, la, la, la, la, la.
Oui, demain l'autre patrie,
La, la, la, la, la, la, la, la, la, la, la, la.
Adieu donc mes jeunes fleurs !
La, la, la, adieu !

Vous restez où Dieu vous a mises,
Mais nous!.., le souffle du destin
Au loin nous emporte soumises,
Vous restez où Dieu vous a mises,
Et le soir ressemble au matin !.. (*bis.*)
Oh ! pourquoi, etc.

Tous les baisers que je vous laisse,
O mes fleurs, lorsque, sans appui,
Vous verrez ma mère en tristesse,
Tous les baisers que je vous laisse,
En doux parfums rendez-les lui !.. (*bis.*)
Oh ! pourquoi deux patries ?
Hélas ! a-t-on deux cœurs ?
Adieu mes fleurs chéries,   }
Adieu mes jeunes fleurs !   } *bis.*

Oui, demain je me marie,
La, la, la, la, la, la, la.
Oui, demain l'autre patrie,
La, la, la, la, la, la, la, la, la, la, la, la, la.
Adieu donc mes jeunes fleurs !
La, la, la, adieu !

UN SOLDAT MOURANT.

AIR : *Loin de sa mère* (PAUL HENRION).

Jeune soldat, frappé par la mitraille,
Allait mourir loin de son beau pays;
Autour de lui, sur le champ de bataille,
La mort semait de glorieux débris.   (*bis.*)
Adieu, dit-il, adieu, France chérie !
Le sort m'appelle au séjour des tombeaux ; (*bis.*)
O Liberté ! protége ma patrie !   } (*bis.*)
Que ton soleil brille sur nos drapeaux.

Au souvenir de ses vertes campagnes,
Il ouvre encor des yeux voilés de pleurs ;
Il croit revoir son vallon, ses montagnes,
Et respirer le doux parfum des fleurs.
Mais le présent brise sa rêverie,
Sa voix répète aux portes des tombeaux :
O Liberté ! protége ma patrie !
Que ton soleil brille sur nos drapeaux.

Son front pâlit, sa voix devient tremblante,
Car ses adieux parlent d'un nom d'amour;
Sous d'autres cieux sa mère est dans l'attente,
Sa vieille mère, espérant son retour !
Pauvre soldat, il meurt l'âme flétrie,
Et fait redire à ses derniers échos :
O Liberté ! pour elle et ma patrie !
Que ton soleil brille sur nos drapeaux.

Ernest MARTIN.

LE CHANT D'UN OISEAU

MÉLODIE.

Paroles de E. BARATEAU, musique de A. BOIELDIEU.

La musique se trouve à Paris chez MM. MEISSONNIER
et fils, éditeurs, 22, rue Dauphine.

———

Pure et suave mélodie,
Douce voix qui dit tes chansons,
Quand l'aubépine est reverdie,
Ou que la fleur brille aux gazons !   (*bis*)

A tes chants, Philomèle,
Une plainte se mêle,
Et cependant toujours,
Toi, pauvre oiseau fidèle,
Tu chantes tes amours !   (*bis*)

Dieu fit-il la voix qui soupire,
Pour nous charmer, nous attendrir ?
Ou, du ciel, viens-tu pour nous dire
Que vivre, ici-bas, c'est souffrir ?...   (*bis*)
A tes chants, etc.

Ne t'en va pas, chante sans cesse ;
Dis-moi ta joie ou ta douleur ;
Et tes chants d'amour, de tristesse,
Auront un écho dans mon cœur !...   (*bis*)

A tes chants, Philomèle,
Une plainte se mêle,
Et cependant toujours,
Toi, pauvre oiseau fidèle,
Tu chantes tes amours !   (*bis*)

TON REGARD.

ROMANCE.

Chantée par M. PONCHARD, aux concerts du *Ménestrel.*

Paroles de M. F. de LONLAY, musique de M. E. ARNAUD.

La musique se trouve à Paris, chez M. HEUGEL,
éditeur, 2 bis, rue Vivienne.

A ton regard si tendre ,
Mon cœur s'est laissé prendre ;
Il te faut me le rendre
Ou me donner le tien.
Mon cœur s'est laissé prendre,
Il te faut me le rendre
Ou me donner le tien ,
    Oui , le tien ,
En échange du mien.

Je le dis sans mystère,
Oublieux de la terre ,
A te voir, à te plaire,
Je mets tout mon bonheur.
Je le dis sans mystère,
Oublieux de la terre ,
Je mets tout mon bonheur
A posséder ton cœur.

A ton regard , etc.

Celle que j'ai rêvée,
Pour mon âme éprouvée,
Enfin je l'ai trouvée
Le jour où je te vis.
Celle que j'ai rêvée,
Enfin je l'ai trouvée.
Le jour où je te vis,
Mes yeux furent ravis !...

    A ton regard, etc.

Dans ton regard timide,
De ton âme candide,
Miroir frais et limpide,
Pourrai-je lire un jour ?
Dans ton regard timide,
Miroir frais et limpide ;
Ne pourrai-je un seul jour
Lire amour pour amour !...

A ton regard si tendre,
Mon cœur s'est laissé prendre ;
Il te faut me le rendre
Ou me donner le tien.
Mon cœur s'est laissé prendre,
Il te faut me le rendre
Ou me donner le tien,
    Oui, le tien,
En échange du mien.

ADIEU MON BEAU NAVIRE.

ROMANCE.

Chantée par M. INCHINDI, dans les DEUX REINES,
au théâtre de l'Opéra-Comique.

Paroles de MM. Frédéric SOULIÉ et ARNOULT.

Musique de M. Hippolyte MONPOU.

Adieu, mon beau navire,
Aux grands mâts pavoisés ;
Je te quitte et puis dire :
Mes beaux jours (*bis*) sont passés !

Toi, qui plus fort que l'onde,
En sillonnant les flots ,
A tous les bouts du monde
Porte nos matelots ,
Nous n'irons plus (*bis*) ensemble
Voir l'équateur en feu ,
Mexique où le sol tremble ,
Et l'Espagne (*bis*) au ciel bleu !
    Adieu !

Adieu, mon beau, etc.

Quand éclatait la nue ,
Et la foudre à nos yeux ,
Lorsque la mer émue
S'élançait jusqu'aux cieux ;

Sous nos pieds (*bis*), sur nos têtes
Quand grondaient mer et vent,
Entre ces deux tempêtes
Tu passais (*bis*) triomphant !
        Adieu !

Adieu, mon beau, etc.

Plus de courses paisibles,
Où l'espoir rit au cœur,
Plus de combats terribles,
Dont tu sortais vainqueur !
Et d'une main, d'une main hardie,
Un autre à mon vaisseau,
Sur la poupe ennemie
Plantera (*bis*) ton drapeau !
        Adieu !

Adieu, mon beau navire
Aux grands mâts pavoisés ;
Je te quitte et puis dire
Mes beaux jours (*bis*) sont passés !

LE MILITAIRE OBSERVATEUR.

CHANSONNETTE.

Paroles de M. GUTTINGUER, musique d'É. BRUGUIÈRE.

La musique se trouve, à Paris, chez M. BRULLÉ,
éditeur, 16, passage des Panoramas.

L'ITALIE, l'ÉTRURIE, l'ARABIE, j'ai tout vu,
A la FRANCE, préférence sans balance, c'est connu,
A la FRANCE, sans balance préférence, c'est connu.

> FRANÇAIS, sensible et militaire,
> Et bel homme, sans vanité,
> J'ai parcouru toute la terre
> Pour approfondir la beauté.
>
> L'Italie, etc.

> L'ESPAGNOLE est très fantastique,
> Pinçant la guitare en douceur,
> Mais d'un amour un peu mystique
> Et trop soumise au confesseur.
>
> L'Italie, etc.

> L'ITALIENNE, femme aimable,
> De la passion, du talent,
> Mais dangereuse comme un diable
> Pour qui craint l'empoisonnement.
>
> L'Italie, etc.

L'ALLEMANDE est bien le dimanche,
Mais valseuse à vous ennuyer ;
Puis elle dit toujours : *Mon anche,*
Che ne veux pas me prouiller,

     L'Italie, etc.

La TURQUESSE, charmante épouse,
Mais au moindre désagrément,
Faisant dans son humeur jalouse
Sans grâce étrangler son amant.

     L'Italie, etc.

L'ANGLAISE a des charmes que j'aime,
Mais à parler sincèrement
Est un peu trop toujours la même,
De là vient *le hembêtement.*

     L'Italie, etc.

A vous, FRANÇAISES, sans mystère
Ni difficulté, le pompon ;
C'est vous qu'avez de toujours plaire
Le brevet par invention !

L'ITALIE, l'ÉTRURIE, l'ARABIE, j'ai tout vu,
A la France, préférence sans balance, c'est connu,
A la France, sans balance préférence, c'est connu.

Paris. — L. VIEILLOT, éditeur et seul propriétaire,
32, rue Notre-Dame-de-Nazareth.

Imprimerie Lange Lévy et Comp., 16, rue du Croissant.

LE PETIT MEUNIER
DE CHATEAULIN.
CHANSONNETTE.

Chantée par M. LEVASSOR aux concerts du *Ménestrel*.
Paroles de M. G. LEMOINE, musique de Mlle L. PUGET.

La musique se trouve à Paris,
Chez M. HEUGEL, éditeur, 2 bis, rue Vivienne.

J'ai cent écus d'argent blanc,
Autant en or qui brille ;
J'ai cent écus d'argent blanc,
Mais pas le cœur content.
Oh ! non, non, non franchement,
A cause d'une jeune fille,
Oh ! non, non, non franchement,
Non, je n'ai pas le cœur content.

Un vieux berger de Chateaulin
M'a dit : Ne te confie
Pas plus au vent de ton moulin,
Qu'à fillette jolie !
De ton moulin bien souvent
L'aile tourne au gré du vent ;
Mais des jeunes filles,
Et les plus gentilles,
Au vent des amours
Le cœur tourne, tourne toujours,
Tourne, tourne, tourne, tourne, tourne,
Tourne tous les jours !

(*Soupirant.*) J'ai cent écus, etc.

Le vieux berger parla pour rien ;
Car je croyais aux femmes ;
Mais aujourd'hui, je le vois bien,
Il connaissait leurs trames.
Après m'avoir dit : « Crois-moi,
» Je ne veux aimer que toi, »
Rose à sa fenêtre
Ne veut plus paraître ;
J'y viens chaque soir
Et je soupire sans la voir !...
Je soupire (*ter*) sans la voir !

(*Soupirant très fort.*) J'ai cent écus, etc.

Mais qu'ai-je appris ? Rose en secret
Pleurait avec son père ;
Pour un peu d'or qui leur manquait,
On vendait leur chaumière !
Mais moi, qui suis un malin,
Je me suis levé matin ;
Bien vite en cachette,
J'ai payé la dette,
Et Rose, le soir,
M'a dit : « Je t'aime !... bon espoir !
« Oui, je t'aime ! oui, je t'aime !
» Oui, je t'aime ! bon espoir ! »

(*Très joyeux.*) Je n'ai plus un sou vaillant,
Je n'ai plus d'or qui brille !
Je n'ai plus un sou vaillant !
Mais j'ai le cœur content !
Oui, je suis riche à présent,
J'ai l'amour d'une jeune fille !
Oui, je suis riche à présent ;
Car j'ai l' cœur gai, j'ai l' cœur content !

CORSAIRE ET GONDOLIER.

Paroles et musique de M. Edouard de **PAEP**.

La musique se trouve à Paris chez MM. **MEISSONNIER** et fils, éditeurs, 22, rue Dauphine.

Beau gondolier, pourquoi pleurer sans cesse?
Pourquoi pleurer et te plaindre toujours?
Si le destin t'a ravi ta maîtresse,
Ne sais-tu pas qu'il est d'autres amours? (*ter.*)

Vois l'Océan, vois cette immense plaine
Où chaque jour j'appelle le danger;
C'est ma patrie à moi, c'est mon domaine,
Mon sol natal, sous un ciel étranger.
Là, sur son bord, le corsaire intrépide
D'un fier regard fait trembler l'univers;
Fixant toujours l'étoile qui le guide,
Brave les cieux et le courroux des mers.

    Beau gondolier, etc.

Veux-tu quitter ta gondole légère
Pour ce vaisseau que tu vois dans le port?
Là je suis roi, là flotte ma bannière;
Là mon refrain, c'est le droit du plus fort.
Et s'il te faut une esclave soumise,
Je puis encor, ami, te la donner;
Elle est à moi, c'est ma part d'une prise.
Viens... ses beaux yeux pourront te consoler.

    Beau gondolier, etc.

Laisse, crois-moi, dormir en paix ta belle ;
Ma barque est là, pourquoi tarder encor ?
Sèche tes pleurs, la fortune t'appelle,
Demain, demain, de la gloire et de l'or !
Viens, suis mes pas, déjà ton front rayonne ;
L'espoir enfin a ranimé ta foi,
Plus de regrets, partage ma couronne,
Console-toi, frère, console-toi.

Beau gondolier, pourquoi pleurer sans cesse ?
Pourquoi pleurer et te plaindre toujours ?
Si le destin t'a ravi ta maîtresse,
Ne sais-tu pas qu'il est d'autres amours ? *(ter.)*

LE PAYS DES AMOURS.

ROMANCE.

Paroles de **M. G. DECAGNY**, musique de **M. I. BLONDEL**.

La musique se trouve à Paris chez **M. CHALLIOT**, éditeur, 352, rue Saint-Honoré.

Dans mon tendre délire,
J'aime ton doux sourire,
Et ton cœur qui soupire,
Et ton céleste front.
Entre le ciel et l'onde,
Il est un autre monde,
Où la foudre ne gronde,
Partons au loin, partons !

Viens ma belle,
Sois fidèle,

Pour toujours
Mes amours.
Oui ma belle,
Sois fidèle,
Pour toujours   (*ter.*)
Mes amours.

Loin du climat de France,
Porte ton innocence,
Et ta naïve enfance,
Qu'un regard peut ternir.
Là, point de diadème,
Ni de grandeur suprême,
Et comme Dieu lui-même,
Je pourrai te bénir.

Viens ma belle, etc.

A ta douce patrie,
A ta mère chérie,
Préfère, ô mon amie,
Le pays des amours.
Il n'est point d'inconstance,
Sous cette providence,
On garde l'espérance,
Et l'on aime toujours !

Viens ma belle,
Sois fidèle,
Pour toujours
Mes amours.
Oui, ma belle,
Sois fidèle,
Pour toujours   (*ter.*)
Mes amours.

SEULE A TOI, MES BONHEURS!

ROMANCE.

Paroles de Mme Laure JOURDAIN.

Musique de Mme Laure BRICE.

La musique se trouve à Paris, chez MM. MEISSONNIER et
fils, éditeurs, 22, rue Dauphine.

Le flot cherche la plage,
Le papillon la fleur,
La brise le feuillage,
Moi, je cherche ton cœur.
Le saule est fait pour l'onde,
L'étoile pour les cieux,
Le soleil pour le Monde,
Et mes yeux pour tes yeux !   } (*bis*)

Le ciel donne à la terre
L'espoir à l'affligé,
La madone pour mère
Au fils du naufragé.
A la fleur qui boutonne
Il accorde un beau jour ;
Mais à toi seule il donne
Mon cœur, tout mon amour.   } (*bis.*)

Aussi, vois-tu, Marie,
Sans toi, rien ici-bas ;
Sans toi, rien dans ma vie,
Je meurs où tu n'es pas.
A moi sont tes alarmes,
A moi sont tes douleurs.
Seule à toi sont mes larmes,
Seule à toi mes bonheurs !   } (*bis.*)

LE BRACONNIER

CHANT RUSTIQUE.

Chanté par M. André HOFFMANN,
au théâtre des Variétés.

Paroles et musique de M. Pierre DUPONT.

La musique se trouve à Paris chez M. BRULLÉ, éditeur,
16, passage des Panoramas.

Tôt tôt partons, bon braconnier !
Avec la gourde et la besace,
Sans oublier dans ton carnier
Chevrotines tuant sur place,
Loups et bêtes de grosse race ;
Du plomb pour lièvre et pour bécasse,
Des balles pour les gardes-chasse,
    Autre gibier
(*Imitant le sifflement d'une balle*) Dz.

Mauvais coucheur et mauvais diable,
Mal ficelé, mal culotté,
De gros sabots chaussé, botté,
Je ne suis point chasseur aimable,
Mon fusil n'est point travaillé,
Comme une fine tabatière ;
Non c'est un vieux fusil à pierre
Dont le canon est tout rouillé,
C'est une vieille canardière.

A l'heure où le hibou se lève,
Ou bien avant qu'il soit couché,
En un clin d'œil enharnaché,

A mon lourd sommeil je fais trève.
Je m'en vais au chant des grillons,
A nos gardes-chasse en découdre,
Toujours avare de ma poudre
Qui pour les bois et les sillons
Est plus sanglante que la foudre.

Devinant toujours ma pensée,
Guettant sans bruit comme un serpent,
Mon chien s'en va clopin-clopant ;
Plus fin qu'une meute dressée,
Il découvre tout traquenard,
Filet tendu, péige ou ficelle,
Quand le gibier s'y prend de l'aile
Ou de la patte, mon renard
Le rapporte à mon escarcelle.

En braconnant ainsi je gagne
De quoi, si j'étais moins buveur,
Devenir moi-même chasseur ;
Maître de toute une montagne
Moi, devenir un muscadin,
A train de chasse à mine altière,
Posséder une meute entière,
Porter la guêtre en peau de daim !
J'aimerais mieux casser mon verre !

Ces beaux chasseurs de circonstance,
Savez-vous à quoi cela sert?
Quand ils fêtent leur saint-Hubert
C'est moi qui fournis la pitance,
Ce jour là de leur bon argent
Le braconnier refait sa bosse,
Il se grise comme un colosse
Avec la veuve d'un sergent,
Qu'il a prise en deuxième noce.

Tôt tôt, partons, bon braconnier!
Avec la gourde et la besace,
Sans oublier dans ton carnier
Chevrotines tuant sur place,
Loups et bêtes de grosse race
Du plomb pour lièvre et pour bécasse,
Des balles pour les gardes-chasse
    Autre gibier.   Dz.

LA JUMENT DE L'ARABE.

ROMANCE.

Chantée par M. TAGLIAFICO, du Théâtre-Italien,
aux concerts du *Ménestrel*.

Paroles de M. A. BRESSIER, musique de J. VIMEUX.

La musique se trouve à Paris chez M. HEUGEL, éditeur,
2 bis, rue Vivienne.

Près de Damas, en Syrie,
Un Arabe du désert
Vendait sa jument chérie
Au vieux juif Eliézer.
Oui, pressé par la misère,
Il vendait pour un peu d'or
Sa compagne si légère,
Son seul bien, son doux trésor;
Il vendait pour un peu d'or
Sa compagne si légère,   (*bis.*)
Son seul bien, son doux trésor.   (*bis.*)

Il lui disait : Ma gazelle,
Il faut donc nous séparer !...
Dans les mains de l'infidèle,

C'est moi qui vais te livrer.
Oui, pressé par la misère,
Je te vends pour un peu d'or,
Ma compagne si légère,
Mon seul bien, mon seul trésor ;
Je te vends pour un peu d'or,
Ma compagne si légère,   (*bis.*)
Mon seul bien, mon doux trésor.   (*bis.*)

Te quitter !... mon intrépide...
Ma cavale des combats !...
Toi, dont la course rapide
M'emportait loin du trépas !...
Oh ! j'aime mieux ma misère ;
Mécréant, garde ton or...
Viens, compagne douce et chère,
Tu me restes, mon trésor !...
Mécréant, garde ton or ;
Viens, compagne douce et chère,   (*bis.*)
Tu me restes, mon trésor.   (*bis.*)

L'ÉDUCATION DE FIFI.

CHANSONNETTE MILITAIRE.

Paroles de M. Th. POLACK, musique de M. E. VOIZEL.
La musique se trouve à Paris chez M. BRULLÉ,
éditeur, 16, passage des Panoramas.

Mon fils, tu crois que j'suis ton père ?
Eh ben ! pas du tout, c'est pas ça ;
Car un boulet fit son affaire,
Et comme un brave il trépassa,

Oui, comme un brave il trépassa.
Mais avant d' fermer la paupière,
Y m' dit prends soin de mon enfant,
Je te nomm' sa famille entière.
C'est dit, c'est fait (*bis*) dans un instant ;
D' sa charge, tu d'vins la mienne ;
Dans mon sac j' te campai, morveux.
Mais Fifi, pour qu'il t'en souvienne,
T'était ben trop jeune, mon vieux.   (*bis*.)

Comme un p'tit prince j' te restaure,
La pomme de terre à discrétion ;
Ce n'est rien, je fais plus encore.
Je fais ton éducation.   (*bis*.)
T'as quinze ans, et tu prends la prise,
Et tu fumes très proprement ;
T'es très soigné dessus ta mise,
Et tu bois (*bis*) *agriablement*
Deux bouteilles, et j' veux qu' t'espères,
Mon p'tit Fifi, faire encore mieux,
Et te r'passer tes six p'tits verres ;
Mais t'es encor trop jeune, mon vieux. (*bis*.)

En trois temps tu fais l'exercice ;
Mais c' qui t' vexe, et je l' conçois bien,
C'est qu' tu n'as pas un' cicatrice,
Un' balle, un coup d' sabre, un rien.   (*bis*.)
Pourquoi se désoler d'avance,
C'est bête, j' te l' dis sans détour,
Tu n' dois pas perdre patience ;
Paris n' fut pas fait (*bis*) dans un jour ;
Y n' faut qu'un combat, qu'une affaire,
Et crac, un bras, qui sait, p't'êt deux...
T'as d' la chance, la chose est claire ;
T'es encor si jeune, mon vieux.   (*bis*.)

Enfin, grâce à la Providence,
Les préjugés s' mettent de côté ;
On n' tient plus compte d' la naissance,
Le siècle est pour l'égalité.   (*bis.*)
Si ton étoile s' trouve heureuse,
Qui sait jusqu'où tu peux aller ;
La fortune est un' capricieuse ;
Dans l' monde y s' peut qu' t'iras briller.
J' te vois d'jà, dans ton sort prospère,
Le possesseur d'un cordon bleu...
En épousant un' cuisinière,
Ça peut v'nir, t'es jeune, mon vieux.   (*bis.*)

Quant à moi, j'ai fini ma tâche,
L' temps d' mon service est accompli ;
Adieu, le fion de ma moustache,
Je sens ben que je m' démolis...
Dans les champs d' l'honneur et d' la gloire,
A ton tour de t'acclimater.
Si je n' peux plus voir de victoire,
Toi, tu viendras (*bis*) m' les raconter ;
Et me montrant ta boutonnière,
Tes chevrons, tu m' diras : Morbleu !...
T'as tenu parole à mon père,
C'est à toi que j' dois ça, mon vieux.   (*bis.*)

———

Paris — L. VIEILLOT, éditeur et seul propriétaire, 32,
rue Notre-Dame-de-Nazareth.

Imprimerie Lange Lévy et Comp., 18, rue du Croissant.

LUCIE DE LAMERMOOR.

DUO.

Chanté par M. Duprez et Mlle Nau,
au théâtre national de l'Opéra.

Paroles de MM. Alphonse Royer et Gustave Vaez.
Musique de M. G. Donizetti.

Luc.   Vers toi toujours s'envolera
       Mon rêve d'espérance ;
    Le bruit des flots pour toi sera
       L'écho de ma souffrance ;
    Si mon pauvre cœur désolé
       A sa douleur succombe,
    Ah ! cueille dans ce bois isolé
       Une fleur pour ma tombe.
    Adieu ! Adieu ! tout mon bonheur !
    La mort, la mort est dans mon cœur.
       Adieu , adieu bonheur !

Edg.   Vers toi toujours s'envolera
       Mon rêve d'espérance ;
    Le bruit des flots pour toi sera
       L'écho de ma souffrance ;
    Et si ton amant désolé
       A sa douleur succombe,

Donne une larme à l'exilé ;
  Que ton cœur soit sa tombe.
Adieu ! Adieu ! tout mon bonheur !
La mort , la mort est dans mon cœur,
  La mort est dans mon cœur.

Vers toi toujours s'envolera
  Mon rêve d'espérance ;
Pour moi, le bruit des flots sera   }   Ensemble.
  L'écho de ma souffrance.
DG. Si mon pauvre cœur désolé

  A sa douleur succombe,
Donne une larme à l'exilé,
  Que ton cœur soit sa tombe
UC. Jette quelques fleurs sur ma tombe.   }
Adieu ! Adieu, tout mon bonheur,   } Ensemb.
  La mort est dans mon cœur.
Ah ! adieu tout mon bonheur,
  Tout mon bonheur !

Lucie de Lamermoor, opéra en deux actes et quatre ta-
eaux, paroles de MM. A. ROYER et G. VAEZ, musique de
. G. DONIZETTI. En vente chez M. TRESSE, galerie de
artres, 2 et 3 (Palais-National). Prix : 1 fr.

LE COSAQUE DE LA MER NOIRE.

Paroles de M. J. BALITRAN.—Musique de M. L. ABADIE.

La musique se trouve à Paris, chez M. COTELLE, éditeur, 137, rue Saint-Honoré.

Je suis Cosaque
Fils des combats,
Et mon attaque
C'est le trépas !   (*bis.*)

Moi je n'ai pas de belle
Au front blanc, à l'œil noir,
Qui doucement m'appelle
A la brise du soir.
Ma maîtresse est la gloire,
Mes plaisirs des canons,
Et les chants de victoire
Sont mes seules chansons !   (*bis.*)
  Je suis Cosaque, etc.

Je n'aime sur la terre
Que la voix de mon czar,
Que le bruit de la guerre,
Que mon vieil étendart ;
Je fonds tête baissée,
Au plus fort du combat,
Et moindre est la mêlée
Quand ma pique s'abat.   (*bis.*)
  Je suis Cosaque, etc.

L'esclave tête nue,
Quand ma lance reluit,
Humblement me salue
Et sa femme sourit;
Et le soir quand je passe
En rapide éclaireur,
On entend : place, place,
C'est le guerrier sans peur !   } *(bis.)*

Je suis Cosaque
Fils des combats
Et mon attaque
C'est le trépas.   } *(bis.)*

PLUS DE LARMES !

Paroles de M. Emile BARATEAU.

Musique de M. Etienne ARNAUD.

La musique se trouve à Paris , chez M. HEUGEL, éditeur,
2 bis, rue Vivienne.

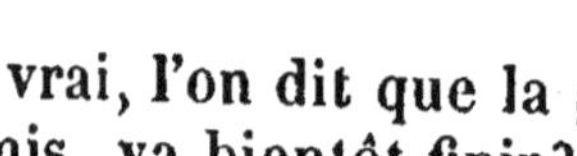

Est-ce vrai, l'on dit que la guerre,
Mes amis, va bientôt finir?...
Bientôt!.. c'est long pour une mère
Qui doit voir son fils revenir!...
Au bruit seul, au bruit de leurs armes,
Loin de mon fils je l'avouerai,

Mère avant tout, j'ai tant pleuré !
   Mais j'oublierai mes larmes,
   Quand je le reverrai...
Là, dans mes bras, quand je le presserai ! (*bis*)

  Si c'est vrai, bien loin du village,
  M'en allant, pour le voir venir,
  Alors j'oublierai mon grand âge !...
  Ce jour-là; je vais rajeunir !...
  Mais avec tous ses frères d'armes,
  S'il allait ne pas arriver !
    Ah ! je n'ose pas achever !
    Moi, n'ayant plus de larmes,
    J'irais le retrouver !
Oui, près de Dieu, j'irais le retrouver !   (*bis.*)

  Tous, un jour, quittant leur chaumière,
  Allaient au devant des soldats !...
  Dieu sait qui partit la première,
  Toute heureuse et tremblante, hélas !..
  Une mère, ô moments d'alarmes !
  Cherchait les yeux de pleurs remplis,
  Cherchait sans voir, sans voir son fils !...
    Mais, soudain, plus de larmes,
    Ses vœux sont accomplis...
Là, dans ses bras, était son pauvre fils !
Là, sur son cœur, elle pressait son fils !

MAI-ROSE.

MÉLODIE.

Paroles de M. E. de LONLAY. — Musique de M. L. ABADIE
La musique se trouve à Paris chez M. BRULLÉ, éditeur,

Vous pouvez respirer les parfums de la rive,
Sans que pour vous encor s'y mêle le poison ;
A peine croyez-vous que la vieillesse arrive,
Si jeune est votre ciel, si loin votre horizon.

Le songe de vos nuits ne voit que des étoiles
Le soleil de vos jours n'a point d'ombre a bannir
Et le calme présent vous cache de ses voiles
Les lointains orageux du douteux avenir.
Vous pouvez respirer, ete.

A peine au seuil fleuri de vos fraîches années,
Mai-rose, il n'est pour vous ni veilles, ni chagrins ;
Vous n'avez à compter que de belles journées,
Et votre voix ne sait que de joyeux refrains.
Vous pouvez respirer, etc.

Vos yeux sur le passé sont vierges de ces larmes
Que remplace pour vous l'espoir; le souvenir.
Dieu vous garde longtemps le présent et ses charmes
Mai-rose, oh! croyez-moi dormez sur l'avenir !
Vous pouvez respirer les parfums de la rive,
Sans que pour vous encor s'y mêle le poison
A peine croyez-vous que la vieillesse arrive,
Si jeune est votre ciel, si loin votre horizon.

LUCIE DE LAMERMOOR.

ROMANCE.

Chantée par M. DUPREZ,
au théâtre national de l'Opéra.

Paroles de MM. Alphonse ROYER et Gustave VAEZ.
Musique de M. G. DONIZETTI.

O bel ange dont les aîles,
Fuyant nos douleurs mortelles ;
Vers les sphères éternelles
Ont emporté (*bis*) mon espoir ;
De mes jours fleur parfumée,
Je te suis ma bien-aimée ;
Sur nous la terre est fermée.
O viens au ciel me recevoir,

O bel ange ma Lucie !
Bel ange ma Lucie !
Viens au ciel me recevoir !

A toi mon cœur s'abandonne,
C'est ton bien, je te le donne ;
Un Dieu puissant me pardonne
Et mon amour (*bis*) et mon espoir.

D'une sainte et vive flamme
Je t'adore, aimable femme,
Le seul trésor de mon âme
Est un regard de ton œil noir.

O bel ange, etc.

Sans toi, le bonheur sur terre,
N'est qu'un mot, qu'une chimère ;
Tout n'est que douleur amère,
Si je ne puis (*bis*) te revoir.
O ma Lucie, mon idole,
A ton amour je m'immole ;
Vers toi mon âme s'envole,
O viens au ciel me recevoir !

O bel ange ma Lucie !
Bel ange ma Lucie !
Viens au ciel me recevoir !

N. B. — Le premier couplet seul est de MM. A. ROYER
et G. VAEZ, et est extrait de l'opéra *Lucie de Lamermoor*,
en vente chez M. TRESSE, galerie de Chartres, 2 et 3. Prix:
1 fr.

LA MONTAGNARDE FIANCÉE.

Paroles de Mme Laure JOURDAIN.

Musique de M. Aristide de LATOUR.
La musique se trouve à Paris chez M. A. LEDUC, éditeur,
18, rue Vivienne.

Dans notre chaumière
Fêtons en ce jour
Bonheur du retour;
Bénissez, ma mère,
Jeannetta mes amours.

Souvenir de larmes,
Je la vis partir,
Les yeux pleins de charmes,
Cachant un soupir,
Pour ce long voyage,
Loin de tout bonheur,
Laissant au village
Sa mère et son cœur.

Dans notre, etc.

Oubliant la ville,
Là dans nos châlets,
Heureuse et tranquille,
Sans crainte et regrets.

Elle aura fidèle
Mon cœur et ma foi ;
Je serai près d'elle
Plus content qu'un roi !
Dans notre, etc.

Là dans la vallée,
Couronnée de fleurs
Jeune fiancée
Vit sécher ses pleurs,
Puis la vieille mère,
La main sur son cœur,
Unit sa prière,
Bénit leur bonheur !

Et dans la chaumière
Fêtant dans ce jour
L'heure du retour,
Il eut près sa mère
Jeannetta ses amours !

UN AMOUR INCOMPRIS.

ROMANCE EXTRA-SENTIMENTALE.
Paroles de M. MARC-CONSTANTIN.
Musique de M. J. NARGEOT

La musique se trouve à Paris chez L. VIEILLOT, éditeur,
32, rue Notre-Dame-de-Nazareth.

Ecoutez l'histoire trop sombre
D'un amour qui n'est que trop vrai,
Hélas! elle a fui comme une ombre,
Sans me dire : Je reviendrai.
Je n'entendrai plus sous l'ombrage
Sa voix qui captivait mon cœur,
Cette voix qui sous l'herbe en fleur,
M'annonçait la pluie ou l'orage.
Voici le printemps, les beaux jours ;
Reviens, ô mes seules amours,
Reviens, reviens, ô mes seules amours.

Ah ! combien j'aimais à l'entendre,
Quand, assise au bord des ruisseaux,
Elle appelait d'une voix tendre,
Ses sœurs jouant dans les roseaux;
Puis ainsi qu'une nymphe émue,
Aussitôt qu'elle me voyait,
Dans le grand lac elle plongeait
Pour se dérober à ma vue...

Voici le printemps, etc.

Quand parfois pour calmer ma peine,
Je lui disais : je t'aime hélas !
Règne sur mon cœur ô ma reine,
Ma reine ne répondait pas
De sa robe verte et brillante,
L'humide éclat flattait mes yeux ;
Et son regard capricieux
La rendait encor plus charmante...

Voici le printemps, etc.

Maintenant elle a fui sans doute,
Loin de l'onde qu'elle adorait ;
En vain, je la cherche et j'écoute
Son chant qui le soir m'enivrait;
Que votre paupière se mouille,
Si vous partagez ma douleur,
Car celle qui charma mon cœur...
Était une jeune grenouille !
Voici le printemps, les beaux jours,
Reviens ô mes seules amours,
Reviens, reviens, ô mes seules amours.

Paris. — L. VIEILLOT, éditeur et seul propriétaire,
32, rue Notre-Dame-de-Nazareth.

Imp. Lange Lévy et Cᵉ, 16, rue du Croissant.

MON COEUR.

ROMANCE

Chantée par Mme **GAVEAUX-SABATIER,**
Aux concerts du *Ménestrel.*

Paroles de M. Eugène DE LONLAY,
Musique de M. Étienne ARNAUD.

*La Musique se trouve, à Paris, chez MM. HEUGEL et Cie,
éditeurs, 2 bis, rue Vivienne.*

Vous voulez posséder mon cœur ?   (bis.)
Mais pour prendre ce cœur tendre,
Il faut ici nous entendre...
Vous voulez posséder mon cœur ?   (bis.)
Mais il faudrait nous entendre,
Sinon, rien, rien, mon beau seigneur.

Vous avez, me dites-vous,
Le désir le plus sincère
De réussir à me plaire ;
C'est facile : expliquons-nous.
Ici-bas, chacun s'arrange
A ne donner rien pour rien :

Vous voulez mon cœur? eh bien!
Que m'offrez-vous en échange?
Ah!...—Vous voulez posséder, etc.

Vous m'offrez votre château,
Terres, bois et dépendance ;
Je le dis, en conscience,
Je trouve cela fort beau ;
Mais tout ce brillant hommage,
Ces trésors dignes d'un roi,
Ce n'est pas assez pour moi ;
Je veux encore davantage.
Ah ! ..—Vous voulez posséder, etc.

La franchise est mon défaut,
Je crains qu'elle ne vous blesse ;
Mais ni l'or ni la noblesse
Ne me touchent, tant s'en faut.
Que votre âme le retienne !
Pour donner mon cœur, je veux
Un cœur noble et généreux,
Qui tout entier m'appartienne !
    Ah !...

Vous voulez posséder mon cœur?   (*bis.*)
Mais pour prendre ce cœur tendre,
A mes vœux, il faut vous rendre...
Vous voulez posséder mon cœur?   (*bis.*)
A mes vœux, il faut vous rendre :
Moi, je veux un cœur pour mon cœur.

LES PETITS SABOTS.

ROMANCE

Chantée par M. Alexis **DUPONT.**

Paroles de M. H. Guérin, musique de M. F. Masini.

La Musique chez M. Brullé, 16, *pass. des Panoramas.*

Dans la douce paix de ce simple asile,
Pourquoi, belle enfant, tes yeux éplorés
Se tournent-ils donc vers la ville,
Vers la ville aux habits dorés ?
La bure qui t'humilie
Te fait pourtant si jolie !...   (bis.)

O Marguerite,
Crois-moi, petite,
Pour ton bonheur (bis), pour ton repos,
Garde tes sabots, petite,
Garde tes petits sabots,
Petite, petite,
Garde tes petits sabots !

Si Dieu le voulait, créant toutes choses,
A ses bons plaisirs sans peine accomplis,
Toutes les fleurs seraient des roses,
Tous les oiseaux des bengalis ;
Mais aurions-nous, ma pauvrette,
Le bluet et la fauvette ?   (bis.)
O Marguerite, etc,

Trésor de ces lieux, demeure au village ;
Le ciel des cités te serait fatal :
Fauvette, il te faut le bocage !
Bluet, il te faut l'air natal !
Puis le charme, puis la grâce,
Maladroit qui les déplace...   (*bis.*)

O Marguerite,
Crois-moi, petite,
Pour ton bonheur (*bis*), pour ton repos,
Garde tes sabots, petite,
Garde tes petits sabots,
Petite, petite,
Garde tes petits sabots !

J'ATTENDS TOUJOURS

Paroles de M. Eugène de LONLAY,
Musique de M. G. DONIZETTI.

*La Musique se trouve au Bureau central de Musique,
29, place de la Bourse, à Paris.*

Dans sa course rapide,
L'onde fraiche et limpide
Caresse mon bateau,   (*bis.*)
La brise enfle la voile,
Et la dernière étoile
Se réfléchit dans l'eau.   (*bis.*)

La nuit s'avance,
O mes amours ;

Sans espérance,
J'attends toujours,
O mes amours,   (*bis.*)
Sans espérance,
J'attends toujours,
  Ah ! ah !
J'attends toujours !

Tu m'avais dit : « Courage !
Demain sur le rivage,
A l'heure où le jour fuit,   (*bis.*)
J'irai seule et pensive ;
Et toi, près de la rive,
Attends jusqu'à la nuit ! »   (*bis.*)
  La nuit s'avance, etc.

Sans revoir, sans entendre
Ta voix sonore et tendre,
Faut-il quitter ces lieux ?   (*bis.*)
Dieu que la mer est pure !
Et, seuls dans la nature,
Que nous serons heureux !   (*bis.*)

 La nuit s'avance,
 O mes amours ;
 Sans espérance,
 J'attends toujours.
 O mes amours,   (*bis.*)
 Sans espérance,
 J'attends toujours,
   Ah ! ah !
 J'attends toujours !

LE CHANT DU CARROUSEL
Chanté par **M. J. LEFORT**,
Aux Concerts du *Ménestrel*.

Paroles de M. E. GAUGIRAN, musique de M. L. ABADIE.
La Musique chez MM. HEUGEL et Cie, **2** *bis*, *r. Vivienne.*

Le grand duc de Bretagne aujourd'hui fait largesse,
Il convoque au tournoi la plus haute noblesse,
Les preux de tous pays, comtes et chevaliers.
Déjà, du carrousel, la bannière se dresse,
Sonnez, sonnez mes cors, sonnez mes timbaliers.
Sonnez, sonnez mes cors ; sonnez, sonnez mes timbaliers !

Déployez l'étendard, tenez prêtes mes armes ;
Sellez, couvrez de fer mes coursiers, pages d'armes.
Attachez sur mon cœur la croix des templiers,
Et portez l'écusson où rayonnent mes armes.
  Sonnez, sonnez mes cors, etc.

Je donne à saint Denis, si son bras m'accompagne,
Ces deux éperons d'or du grand roi Charlemagne,
Et vingt bourses d'argent ! Courez, mes écuyers ;
Jetez mon gant de fer au fier duc de Bretagne !
  Sonnez, sonnez mes cors, etc.

A mon défi, le duc accourt comme un tonnerre ;
Mais d'un seul coup de lance, il tombe et roule à terre.
Merci, grand saint Denis, à tous les chevaliers ;
Je suis roi du tournoi. Lancez mon cri de guerre !
Sonnez, sonnez mes cors ; sonnez mes timbaliers.
Sonnez, sonnez mes cors ; sonnez, sonnez mes timbaliers !

L'AMOUR DE LA PATRIE

OU

LE TOIT PATERNEL.

ROMANCE

Chantée par **M. PONCHARD,**
Aux concerts du *Jardin d'Hiver.*

Paroles de M. Gustave LEMOINE,
Musique de Mlle Loïsa PUGET.

La Musique se trouve, à Paris, chez MM. HEUGEL et Cie,
éditeurs, 2 bis, rue Vivienne.

Pauvre soldat, enfant de la montagne,
J'ai parcouru plus d'un sol étranger ;
J'ai vu le Nord et la blonde Allemagne,
J'ai vu l'Espagne aux parfums d'oranger.
    Mais malgré tous les charmes
    De ces beaux paradis,
    Je disais plein de larmes,
    Ce n'est pas mon pays !...

Ah ! rien ne vaut la patrie,
    La patrie si chérie,
    Et le beau ciel,
Où fleurit l'humble toit paternel !...

Non ! rien ne vaut la patrie,
La patrie si chérie,
Et le beau ciel,
Où fleurit l'humble toît paternel !

Mais libre enfin, pour un dernier voyage,
Je vais partir, mon bâton à la main.
O mes amis, je vais voir mon village !
Le cœur joyeux, je me mets en chemin.
Compagnons trop fidèles,
Ils enchaînent mes pas...
Mais mon cœur a des ailes,
Et s'échappe à leurs bras.

Ah ! rien ne vaut, etc.

Au dernier jour de la route suivie,
J'oubliais tout, mon exil, mes ennuis...
A chaque pas, je respirais la vie,
Car je sentais approcher le pays.
Au sentier d'aubépine,
Tout mon cœur se troubla,
Je gravis la colline,
Et je dis : ah ! m'y voilà !

En ce moment, mes deux genoux ensemble plièrent...
Mes pleurs coulèrent,
Ma bouche bénit l'Eternel...
Car j'avais vu d'une chaumière aimée
La fumée
Monter au ciel...
C'était mon pauvre toît paternel.

LA PAUVRE MARIE.

ROMANCE.

Paroles et musique de M. Frédéric BÉRAT.

*La Musique se trouve, à Paris, chez M. CHALLIOT,
éditeur, 354, rue Saint-Honoré.*

Vous qui traitez les maux du cœur,
Monsieur l' curé, je vous en prie,
Débarrassez-moi d' ma douleur,
Guérissez la pauvre Marie !
Bastien, avant de m'avoir plu,
Faisait les cent coups pour me plaire...
Voilà trois jours que je n' l'ai vu,
Dit's-moi, dit's-moi donc c' qui faut faire,
Monsieur l' curé, dit's-moi donc c' qui faut faire.

J'y ai dit tout c' que vous m'aviez dit :
De l' fuir si j' voulais rester sage,
J'y ai lu c' que vous m'aviez écrit :
Qu'avec plaisir Dieu voit l' mariage.
L' mariage, m'a-t-il répondu,
Fait bien des malheureux, ma chère.
De vous r'voir il m'a défendu.
Dit's-moi, dit's-moi donc c' qui faut faire,
Monsieur l' curé, dit's-moi donc c' qui faut faire.

On m'a dit, mais je n'en crois rien,
Qu'il allait épouser Mad'leine ;
Si c'était vrai, ça n' s'rait pas bien.
Car je sens là qu' ça m' f'rait d' la peine.
Si pareil malheur m'arrivait,
Rien qu' d'en parler ma voix s'altère...
Monsieur l' curé, s'il l'épousait,
Dit's-moi, dit's-moi c' qui faudrait faire,
Monsieur l' curé, dit's-moi c' qui faudrait faire.

Attendre et prier, mon enfant,
Dit le bon pasteur à Marie.
Dieu remplira ton cœur aimant,
Si Bastien, un jour, se marie.
Quoi qu'il arrive, souviens-toi
Que Dieu nous a tous mis sur terre
Pour suivre sa suprême loi :
Faire ce que Dieu dit de faire,
Voilà toujours, voilà ce qu'il faut faire.

LA FÊTE DES PAYSANS.

CHANT RUSTIQUE

Chanté par M. André **HOFFMANN,**
Au théâtre des Variétés.

Paroles et musique de M. Pierre Dupont,
La Musique chez M. Brullé, 16, *pass. des Panoramas.*

Tout le village est à la fête,
Tout le village et l'alentour,
La grosse caisse et la musette
Y marquent le pas à l'amour,
Et la montagne danse autour.

Les grands bœufs ruminent, couchés
Sur les genoux dans leur étable ;
Les laboureurs endimanchés
Boivent, les coudes sur la table.
Les garçons marchent tous au pas,
Avec des habits de soldats ;
En tête, l'amoureux de Jeanne
Fait moulinet avec sa canne,
Coiffé d'un ourson à gland d'or,
En habit de tambour-major.
     Tout le village, etc.

Loups et filous, quel bon moment
Pour dépeupler la bergerie ;
Finaud dort d'un œil seulement ;
Gare à vous si la brebis crie !
Quel vacarme, quelle rumeur !
Tout le monde est en belle humeur.

C'est pire que le tintamarre
Des grenouilles dans une mare.
Jeanne entre en danse : tous les yeux
Sont sur elle et sont amoureux.
  Tout le village, etc.

Sous sa blouse de tous les jours,
Le braconnier sent son cœur battre ;
Le charlatan suspend ses tours,
Qu'aurait fait le roi Henri quatre ?
Jeanne a l'œil vif, le chignon lourd,
Le bas tiré, le jupon court,
Les dents blanches, l'haleine pure,
Et les souliers couleur de mûre ;
Elle est blanche et rose à la fois
Comme une églantine des bois.
  Tout le village, etc.

Le tambour-major est plus fier
Que s'il menait toute une armée ;
Comme un oiseau s'enlève en l'air,
Il soulève sa bien-aimée.
Une dame pousse un soupir,
En voyant leur cœurs se trahir
Et leurs deux mains l'une dans l'autre.
Le diable rôde : bon apôtre,
Il fait sonner ses louis d'or...
Vieux jaloux ! garde ton trésor !
  Tout le village, etc.

Paris.— *L. VIEILLOT, éditeur et seul propriétaire,*
32, rue Notre-Dame-de-Nazareth.

Typ. Appert et Vavasseur, pass. du Caire, 54.

LES RUBANS
DE MARIETTE.

CHANSONNETTE

Chantée par Mme **GAVEAUX·SABATIER,**

Aux concerts du *Ménestrel.*

Paroles et musique de M. Prosper GUION.

La Musique chez MM. HEUGEL et Cie, 2 *bis, r. Vivienne.*

Une enfant belle et sage
Aimait d'amour,
Comme on aime au village,
Sans nul détour !
Légère et gracieuse,
De rubans bleus,
Elle ornait la rieuse,
Ses blonds cheveux !...
Mariette,
Blondinette,
Que tes jolis rubans,
O fillette
Mignonnette,
Vont bien à tes seize ans ;
Mais coquette,
Mariette,
Ces rubans indiscrets,

O follette—Joliette,
Disent tes doux secrets !

Mais l'ami de Marie
    Partit un jour
Bien loin de sa patrie,
    De son amour !
Elle met dans l'absence
    De verts rubans,
De sa douce espérance,
    Gages touchans !...
        Mariette, etc.

Touché de sa prière,
    Dieu la bénit ;
Et bientôt sur la terre
    Les réunit !...
Blancs et roses comme elle,
    Rubans coquets,
Ornent dans la chapelle
    Ses doux attraits !...
        Mariette,
        Blondinette,
Que tes jolis rubans,
        O fillette
        Mignonnette,
Vont bien à tes seize ans ;
        Mais coquette,
        Mariette,
Ces rubans indiscrets,
O follette—Joliette,
Disent tes doux secrets !

LE SULLY.

CHANT MARITIME

Chanté par **M. TAGLIAFICO,**

Du théâtre Italien,

Aux concerts du *Ménestrel.*

Paroles de M. A. Porte, musique de M. P. Henrion.

La Musique se trouve, à Paris, chez MM. Heugel et Cie,
éditeurs, 2 bis, rue Vivienne.

De tribord à babord, toujours notre équipage,
Chante libre et joyeux sans crainte du trépas ;
Et nos fiers canonniers, plus gais que dans l'orage,
Par un bruit de flacons, sonnent le branle-bas ! (*bis.*)
　　　Qu'on marche bien sur le Sully,
　　　Sa voile ne fait pas un pli,
　　　　Fraîches brises des flots,
　　　　Eveillez les échos !
　　　　Chantons gais matelots,　　　} *bis.*
　　　　Que le vin coule à flots !
　　　　Chantons gais matelots !

Jamais plus fin voilier n'a sillonné les ondes ;
Fuyez son abordage ou tremblez vils forbans !
Égarant sous les cieux nos courses vagabondes,
Jusque sous l'équateur, chantons joyeux enfans. (*bis.*)
　　　Qu'on marche bien, etc.

L'ouragan déchaîné ne l'épouvante guère,
Sur l'onde mugissante, il faut le voir danser ;
Aux vents impétueux, gaîment, il fit la guerre,
Et sur la mer plus sombre, il aime à se bercer... (*bis.*)
     Qu'on marche bien, etc.

Corbleu ! la belle vie ! en mer tout est délice,
Soleil et liberté, rien n'y manque vraiment,
Sitôt qu'à notre bord le pavillon se hisse,
C'est fête ! et jour de Dieu ! l'on s'embrasse en chantant ! (*bis.*)
     Qu'on marche bien sur le Sully,
     Sa voile ne fait pas un pli,
       Fraîches brises des flots,
       Eveillez les échos !
       Chantons gais matelots,
       Que le vin coule à flots !   } *bis.*
       Chantons gais matelots !

TOI.

ROMANCE.

Paroles de M. G. LEMOINE, musique de Mlle L. PUGET.

La Musique se trouve, à Paris, chez M. CHABAL, édit.,
11, *boulevart Montmartre.*

Oui, c'est toi ! toi que j'aime !
C'est toi ! c'est toi que j'aime !
Mais, hélas ! peine extrême !
A toi, jamais !...

Ton nom, c'est ma prière
De la nuit et du jour!
Ton nom, c'est un mystère,
Un mystère d'amour.
Toi seule, tu peux lire
Le secret de mon cœur ;
Toi seule, tu peux dire
Ce doux nom de bonheur.
    Oui, c'est toi, etc.

Bien des lignes discrètes
Souvent l'ont commencé ;
Bien des larmes secrètes
Souvent l'ont effacé.
Tracé par l'espérance,
Retenu par l'effroi,
Il craint trop la distance
Pour te dire : C'est toi !
    Oui, c'est toi, etc.

Dans un bal, en soirée,
Loin de toi, je me tien ;
Mais toi, mon adorée,
Tu me comprends si bien !
Une fleur, un sourire,
Un mot fait pour nous deux,
Un regard va te dire,
En trompant tous les yeux :
Oui, c'est toi, toi que j'aime !
C'est toi, c'est toi que j'aime!
Mais, hélas ! peine extrême !
    A toi, jamais !...

ADIEU VENISE

Paroles de M. E. GOLA, musique de M. E. MERLE.

La Musique se trouve, à Paris, chez M. CHALLIOT, éditeur, 354, rue Saint-Honoré.

Adieu, Venise,
Mon beau pays,
Terre promise,
Doux paradis ;
L'âme meurtrie,
Si loin de toi,
Je m'expatrie,
Pardonne-moi !

Canaux où ma frêle gondole
Glissait conduite par l'espoir,
Les accords de ma barcarolle
Ne vous troubleront plus le soir.
   Adieu, Venise, etc.

Toujours saint Marc et la Madone
Ont protégé le gondolier,
Et pourtant Bianca m'abandonne,
Je pars, afin de l'oublier.
   Adieu, Venise, etc.

Bianca la noble patricienne
De mon amour cueillit la fleur,

Mais la signora riche et vaine,
D'un mot a brisé mon bonheur.
   Adieu, Venise, etc.

Adieu donc, ô ma belle ville,
Ton frais Lido, tes blancs palais,
Je quitte tout, je fuis l'asile
Qu'habite celle que j'aimais
     Adieu, Venise,
     Mon beau pays,
     Terre promise,
     Doux paradis ;
     L'âme meurtrie,
     Si loin de toi,
     Je m'expatrie,
     Pardonne-moi !

LE TYROLIEN.

Paroles et musique de M. Frédéric BÉRAT.

La Musique se trouve chez M. SCHONENBERGER, *éditeur,*
28, *boulevart Poissonnière, à Paris.*

Gai Tyrolien, de ma patrie,
  Oui, le ciel me suffit,
Heureux sont tous mes jours.
Là, je possède une amante chérie,
Et je vis au pays où vivent mes amours !
  Tra a, tra a, tra a.   (*bis.*)

O vous qui n'avez ici   *(bis.)*
    Que peine et souci,
    Partez loin d'ici.
Moi, je reste fidèle,
Fidèle à nos moissons,
A ma Jenny si belle,
A nos douces chansons.
O vous qui n'avez ici   *(bis.)*
    Que peine et souci,
    Partez loin d'ici.

    Gai Tyrolien, etc.

Adieu, vous qui nous quittez,   *(bis.)*
    Pauvres vous partez,
    Riches revenez.
Même dans l'indigence,
Puissiez-vous revenir
Aux lieux de votre enfance,
Un jour vous souvenir,
Adieu, vous qui nous quittez,   *(bis.)*
    Pauvres vous partez,
    Riches revenez.

Gai Tyrolien, de ma patrie,
    Oui, le ciel me suffit,
Heureux sont tous mes jonrs.
Là, je possède une amante chérie,
Et je vis au pays où vivent mes amours.
    Tra a, tra a, tra a.   *(bis.)*

SOLDAT DU ROI.

ROMANCE

Chantée par **M. TAGLIAFICO**,

Du théâtre Italien,

Aux concerts du *Ménestrel*.

Paroles de M. Eugène DE LONLAY,

Musique de M. Étienne ARNAUD.

La Musique se trouve, à Paris, chez MM. HEUGEL et Cⁱᵉ,

éditeurs, 2 bis, rue Vivienne.

Je dois partir, l'honneur l'ordonne,
Je suis soldat, soldat du roi,
Le tambour bat, le clairon sonne,
Que votre cœur soit sans effroi,
Du haut des cieux, Dieu veillera sur moi,
Dieu veillera sur le soldat du roi.

Ma mère, adieu, séchez vos larmes
Et bannissez votre douleur ;
Soyez sans crainte et sans alarmes,
Car près de vous reste mon cœur.
Puisse toujours votre prière
Au Tout-Puissant me confier...
  Et la pauvre mère
  Se mit à prier,
 A prier, à prier !
  Je dois partir, etc.

Mon père, adieu! de votre gloire,
De vos exploits, je suis jaloux ;
Je cours soldat à la victoire,
Je reviendrai digne de vous.
De votre nom mon âme est fière,
J'aurai ma part dans les combats !...
> Et le pauvre père
> Le prit dans ses bras,
> Dans ses bras, dans ses bras.
> Je vais partir, etc.

Adieu, Marie, adieu, compagne,
Ma fiancée, ô mes amours !
Je reverrai notre montagne,
Pour te bénir, t'aimer toujours !
Toi, le trésor de ma famille,
L'ange gardien de mon foyer !...
> Et la pauvre fille
> Se prit à pleurer,
> A pleurer, à pleurer.

Il faut partir, l'honneur l'ordonne,
Je suis soldat, soldat du roi,
Le tambour bat, le clairon sonne,
Que votre cœur soit sans effroi...
Du haut des cieux, Dieu veillera sur moi,
Dieu veillera sur le soldat du roi !

LE RETOUR DU SERGENT

OU

OU C' QU'EST DONC CELLE QU'ELLE A MON CŒUR.

CHANSONNETTE.

Paroles de M. ALLART,
Musique de M. Amédée DE BEAUPLAN.

La Musique chez M. BRULLÉ, 16, pass. des Panoramas.

Mes chers parents, né pleurez plus,
   Jé réviens de la guerre,
Depuis que jé n' vous ai pas vus
   J'ai eu mon sort prospère ;
Jé suis borgne, mais j' suis sergent ;
   Un œil ç'est assez suffisant.   (*bis.*)

Où c' qu'est celle (*bis*), où c' qu'est donc celle qu'elle a mon cœur,
   Que jé lui fasse son bonheur ;
Où c' qu'est celle (*bis*), où c' qu'est donc celle qu'elle a mon cœur,
  Que jé lui fasse, que jé lui fasse son bonheur !

Toujours sincère à nos amours,
   Après bien des *tempêtres*,
Me voici pour couler mes jours
   Aveucque mes ancêtres.
Je suis manchot, mais j' suis sergent,
Un bras c'est assez suffisant.   (*bis.*)

   Où c' qu'est celle, etc.

N'en a qui n'ont bien du malheur,
Dans l'état militaire,
Mais j'ai toujours été vainqueur,
En amour comme en guerre ;
J' nai pus qu'une jambe, mais j' suis sergent,
Un' jambe c'est assez suffisant.   (*bis.*)
    Où c' qu'est celle, etc.

Quoique jé soye dépareillé,
Je me porte à merveille ;
J'ai pus qu'un œil, qu'un bras, qu'un pié,
Mais j'ai mes deux oreilles ;
Deux oreill's et l' grade d' sergent,
En ménage c'est très suffisant.   (*bis*)
    Où ce' qu'est celle, etc.

Un' fois que jé s'rai marié,
A l'objet de ma flamme,
On va m'appeler la moitlé
De ma charmante femme.
J' suis invalid', mais j' suis sergent ;
C' qui m' reste est assez suffisant.   (*bis.*)

Où c' qu'est celle (*bis*), où c' qu'est donc celle qu'elle a mon cœur,
Que jé lui fasse son bonheur ;
Où c' qu'est celle (*bis*), où c' qu'est donc celle qu'elle a mon cœur,
Que jé lui fasse, que jé lui fasse son bonheur !

———

Paris.—*L. VIEILLOT, éditeur et seul propriétaire,*
32, *rue Notre-Dame-de-Nazareth.*

Typ. de Appert fils et Vavasseur, pass. du Caire, 54.

LA MANOLA.

CANZONETTA

Chantée par Mlle Félix **MIOLAN**.

Paroles de M. Ernest BOURGET,
Musique de M. Paul HENRION.

La Musique chez M. COLOMBIER, 6, rue Vivienne.

De l'Aragon, de la Castille,
Toi que l'on dit la plus gentille,
Accours vers nous sous ta mantille,
Pourquoi tarder, ô Juanetta !
N'entends-tu pas les farandoles ?
Les vives danses espagnoles
Des manolas jeunes et folles
Au loin chantant, dansant déjà ?...

Allons, ma belle ! allons ma reine !
Vite au Prado ! chacun est là
Prêt à fêter la souveraine
  De la jota
  Aragonèsa !
Ah ! ah ! ah ! ah ! ah ! ah ! ah ! ah !
Prêt à fêter la souveraine,
Ah ! ah ! ah ! ah ! ah ! ah ! ah ! ah !
  De la jota
  Aragonèsa !

Ne sais-tu pas que la Murcie,
Que Grenade et l'Andalousie
Ont envoyé la plus jolie
Des manolas pour la jota ?
Allons, enfants, la nuit nous gagne,
Déjà Madrid est en campagne
Pour voir danser la fleur d'Espagne
Qui ne vaut pas ma Juanetta !...

    Allons, ma belle ! etc.

Mais... tout se tait... dans ta demeure...
La brise seule arrive et pleure...
Dans les grands arbres qu'elle effleure
Tout est silence... et je suis là !...
Quand une voix douce et gentille
Sortit du fond de la charmille,
Soudain paraît la jeune fille
Qui répondit : Oui me voilà !...

Puis au Prado, vîte on l'entraîne...
Et Juanetta la Manola
Comme toujours resta la reine
    De la jota
    Aragonèsa !
Ah ! ah ! ah ! ah ! ah ! ah ! ah ! ah !
Comme toujours resta la reine,
Ah ! ah! ah ! ah ! ah! ah ! ah! ah !
    De la jota !
    Aragonèsa !

TON NOM TOUJOURS.

ROMANCE

Chantée par **M. TAGLIAFICO,**
Du théâtre Italien,
Aux concerts du *Ménestrel.*

Paroles de M. A. Bressier, musique de M. J. Vimeux.

La Musique se trouve, à Paris, chez M. Heugel, *édit.,*
2 *bis, rue Vivienne.*

Ton nom partout, ton nom toujours,
Sera le charme de mes jours !   } *bis.*

Que de fois ma main le trace
Sur le sable... mais bientôt
L'Océan jaloux l'efface
Et l'emporte dans un flot.   } *bis.*
Et quand la nuit tend ses voiles
Au firmament radieux ,
En caractères d'étoiles
Je le lis écrit aux cieux !...
Oui, je le lis écrit aux cieux !...
    Ton nom partout, etc.

Toute voix me le révèle,
Aux échos l'oiseau l'apprend ;
La brise à la fleur nouvelle
Le répète en soupirant ;   } *bis.*

Oui, je l'entends quand frissonne
La feuille dans le vallon,
Ou quand la harpe résonne
Sous les lambris du salon !   (*bis.*)
    Ton nom partout, etc.

Il se mêle à ma prière
Pour monter vers le Seigneur ;
Jusqu'à mon heure dernière
Il fera battre mon cœur.   } *bis.*
Puis mon âme heureuse et libre
Ira l'écouter sans fin
Sur la lyre d'or qui vibre
Sous les doigts du séraphin.
Oui, sous les doigts du séraphin.

Ton nom partout, ton nom toujours,
Sera le charme de mes jours !   } *bis.*

AVEC LUI.

ROMANCE

Chantée par Mme LEFÉBURE-WÉLY,
Aux concerts du *Ménestrel.*

Paroles de M. H. GUÉRIN, musique de M. E. HOCMELLE.

La Musique chez M. HEUGEL, *édit.*, 2 *bis*, *rue Vivienne.*

Du chévrier que l'indigence
Enchaîne à son pays natal,
Nous plaignons le destin fatal,
Isolé sur la lande immense...

Mais écoutez les ris joyeux
Qu'il jette aux rochers de ces lieux !
Non, non, non, non, non, sur sa terre d'ennui,
Tout seul, il n'est pas solitaire !
Non, non, sur sa terre d'ennui,
L'écho voisin rit avec lui !   (bis.)

S'il chante la ballade ancienne
Pour se distraire au pied des bois ;
Ah ! disons-nous, pas une voix
Ne vient se mêler à la sienne...
Mais écoutez dans les grands ifs
Ces accords brillants et naïfs !
Non, non, non, non, non, sur sa terre d'ennui,
Tout seul, il n'est pas solitaire,
Non, non, sur sa terre d'ennui,
L'oiseau du ciel chante avec lui !   (bis.)

Enfin, nulle prière amie
Chaque soir, disons-nous encor,
Du sol où paisible il s'endort
Ne monte à sa prière unie...
Mais écoutez ce tintement
De l'angélus vague et charmant !
Non, non, non, non, non, sur sa terre d'ennui,
Tout seul, il n'est pas solitaire !
Non, non, sur sa terre d'ennui,
Son doux clocher prie avec lui !   (bis.)

AVEUX D'UNE FLEUR

MÉLODIE.

Paroles de M. Eugène de LONLAY,
Musique de M. E. GRUBER.

O vierge! abaisse sur la terre
Ton regard levé vers les cieux!
Pour éclore ici solitaire,
J'attends un rayon de tes yeux.

Frêle et simple fleur qui boutonne,
De ma tige me détachant,
Je veux te livrer ma couronne,
Enfant candide au front touchant.

Je te donnerai, vierge encore,
Les prémices de mon encens,
Trésors que l'aube fait éclore,
Parfums dont s'enivrent les sens.

Frêle et simple fleur qui boutonne, etc.

Ton âme est si noble et si pure,
Ton regard si doux, que de moi
Tu ne prendras point ta parure ;
C'est moi qui la tiendrai de toi.

Frêle et simple fleur qui boutonne,
De ma tige me détachant,
Je veux te livrer ma couronne,
Enfant candide au front touchant.

LA PRIÈRE
DE MA MÈRE.

ROMANCE

Chantée par **M. PONCHARD,**
Aux Concerts du *Ménestrel.*

Paroles de M. G. LEMOINE, musique de Mlle L. PUGET.

La Musique se trouve, à Paris, chez M. HEUGEL, *édit.,*
2 *bis, rue Vivienne.*

Auprès d'un feu de bruyère
Dormaient deux pâtres bretons ;
— L'éclair luit, Daniel, dit Pierre,
Siffle nos chiens et partons !
    Cette nuit, dans la plaine,
    Va gémir l'âme en peine !
— Poltron !... pour moi, je n'en crois rien.
— Tais-toi !... tu n'es pas bon chrétien !

C'est la prière
De notre mère
Qui le dit, frère,
Et moi, j'y crois ! } *bis.*
J'y crois, frère, j'y crois !

Ce soir-là, sur le village
La foudre éclata trois fois.
Et Daniel, pendant l'orage,
Priait seul, près d'une croix.
   — Entends-tu, frère, on pleure
   Près de notre demeure ?
— Poltron ! c'est le vent qui mugit.
— Non, non, c'est l'âme qui gémit !
    C'est la prière, etc.

Le matin, Daniel vit Pierre,
Le front pâle à son réveil :
— Qu'as-tu donc, dit-il, mon frère,
Entendu dans ton sommeil ?
   — Une voix bien chérie,
   Qui m'a dit : CROIS et PRIE !
Allons, nous tenant par la main,
Prier à la croix du chemin !

    Oui, Dieu m'éclaire
    Par notre mère,
    Et comme toi,
    Mon frère, je crois !
    Oui, notre mère
A parlé, Dieu m'éclaire ,
    Et, comme toi,
    Maintenant, je crois,
Je crois, frère, je crois !

PLUS DE MENSONGE.

CHANSONNETTE

Chantée par M⁽ᵐᵉ⁾ SABATIER.

Paroles de M. Émile BARATEAU,
Musique de M. Alfred LAIR (DE BEAUVAIS).

La Musique se trouve, à Paris, chez M. HEUGEL, *édit.,*
2 bis, rue Vivienne.

Un jour : « Lise, je t'en supplie, »
M'avez-vous dit, « Ne mens jamais !
Fille qui ment est moins jolie,
Plus de mensonge désormais !
A vos désirs, humble et fidèle,
Grand'mère, je dus consentir ;
Et puis, craignant d'être moins belle,
Je promis de ne plus mentir...

J'ai suivi, pour vous plaire,
Tous vos conseils, grand'mère
    Vous aviez bien raison,
    Plus de mensonge !
Oh ! non, non, non, non, non, non, non,
    Plus de mensonge ,
        Oh ! non !

Un soir, au tournant du village,
Je rencontrai Marcel, là-bas.;
Il me tint le plus doux langage...
Or, jugez de mon embarras!
Le moindre mot sut me confondre,
Et ma voix ne pouvant sortir,
Je refusai de lui répondre,
Car j'avais bien peur de mentir!...

    J'ai suivi, pour vous plaire, etc.

*

Voilà, qu'en pleurant, il me presse
De lui répondre sans détour ;
Il veut, pour toute sa tendresse,
Il ne veut... qu'un peu de retour...
Et comme j'éprouvai moi-même
Ce qu'il me disait ressentir,
J'ai dit, je crois , bien bas : je t'aime !
Car je n'ai pas osé mentir !

J'ai suivi, pour vous plaire,
Tous vos conseils, grand'mère...
    Vous aviez bien raison :
    Plus de mensonge !
Oh! non , non, non , non , non , non , non ,
    Plus de mensonge !
      Oh ! non !

CŒUR D'HOMME

ET

COEUR DE FEMME.

PENSÉE ROMANTIQUE

De Mlle **DÉSIRÉE**, bordeuse de souliers,

Recueillie et publiée par M. Ch. PLANTADE.

*La Musique se trouve, à Paris, chez M. BRULLÉ,
éditeur, 16, passage des Panoramas.*

   Autrefois comm' j'était heureuse,
Comme j'brillais pour l'amus'ment ;
Comm' j'avais une av'nir flatteuse
Pour le solide et l'agrément.
A présent je n' fais plus que d' geindre,
J' pleure à m'en écorcher les yeux.

Ah ! qu'un cœur de femme est à plaindre,
Un cœur d'homm' c'est bien plus heureux !
Un cœur d'homm' (*bis*) c'est bien plus heureux !

   Quoique c'te mauvais' langu' d'Alphonse
Dis' partout que j' perds ma fraîcheur,
N'y en a pas une qui m'enfonce
Pour la taill' comm' pour la blancheur ;

Les propos, çà n' peut pas m'atteindre,
Mais j' n'ai tout de même pas d'amoureux.
        Ah ! qu'un cœur, etc.

J' pourrais t'être une femme à la mode,
Si j' fréquentais la société ;
Mais l'odeur d' la pipe m'incommode
Et l' vin n' vaut rien pour ma santé.
Les excès pour nous sont à craindre
Leurs effets parfois sont fâcheux.
        Ah ! qu'un cœur, etc.

Aujourd'hui, si j' me vois bordeuse,
C'est par l'effet de mon erreur.
Hélas ! du temps qu' j'étais brodeuse
Que d' fois j'ai r'fusé mon bonheur !
Les amours ça n' peut pas s'éteindre,
J'tez d' l'eau d'ssus, ça n'en brûl' que mieux.

Ah ! qu'un cœur de femme est à plaindre,
Un cœur d'homm' c'est bien plus heureux !
Un cœur d'homm' (*bis*) c'est bien plus heureux !

Paris. — *L. VIEILLOT, éditeur et seul propriétaire,*
32, *rue Notre-Dame-de-Nazareth.*

Typ. Appert fils et Vavasseur, pass. du Caire, 54.

LA PART DU DIABLE

ROMANCE

Chantée par Mme **ROSSI-CACCIA,**
Au théâtre de l'Opéra-Comique.

Paroles de M. E. SCRIBE,
Musique de M. E. AUBER.

La Musique se trouve, à Paris, chez M. TROUPENAS,
éditeur, 40, rue Neuve-Vivienne.

Ferme ta paupière,
Dors, mon pauvre enfant,
Ne vois pas ta mère
Qui prie en pleurant.
Dame noble et fière,
Belle senora,
Calmez ma misère
Et Dieu vous le rendra.

Donnez, donnez sur cette terre,
Dieu, dans le ciel, vous donnera.   } *bis.*
Ah! ah!

O grand de la terre!
O riche seigneur!

Album du Ménestrel. 2e **v.**   9e *Livraison.*

1851

Si notre prière
Blessa votre cœur,
Si ma plainte amère
Vous importuna,
A notre misère,
Hélas ! pardonnez-là.

A qui pardonne sur la terre,
Dieu, dans le ciel, pardonnera.   } *bis.*
Ah ! ah !

O puissant seigneur !
O roi de la terre !
Que notre prière
Arrive à ton cœur.
Ta main tutélaire
Nous protégera ;
En toi seul, j'espère,
Car mon cœur me dit là :

A qui pardonne sur la terre,
Dieu, dans le ciel, pardonnera.   } *bis.*
Ah ! ah !

La Part du Diable, opéra en trois actes, de M. SCRIBE.
En vente chez M. TRESSE, éditeur de *la France Dramatique,*
galerie de Chartres, 2 et 3 (Palais-National). Prix : 1 franc.

A Madame Sabatier.

BERTHE DE NORMANDIE.

ROMANCE.

Paroles de M. le vicomte Eugène de RICHEMONT,
Musique de M. Ernest REYER.

La Musique chez M. HEUGEL, *édit.*, 2 *bis*, *rue Vivienne.*

Pourquoi, mon beau seigneur, quand la fête enivrante
Vous appelle au castel, rester ici rêveur ;
Pourquoi vous éloigner de la foule bruyante,
Quel charme vous enchaîne au toit du laboureur,
    Au toit du laboureur ?
    — Vous, Berthe de Normandie,
      Vous la plus jolie
    Des filles, des filles d'alentour ;
    Vous dont le divin sourire,
      Au cœur qui soupire,
    Laisse un parfum d'amour !

— Pour moi, mon beau seigneur, vous laissez la grandesse,
Pour moi, la plus modeste des filles du hameau,
Pour qui donc gardez-vous le titre de duchesse,
Qui donc va devenir reine de ce chateau,
    Reine de ce château ?
    — Vous, Berthe de Normandie, etc,

—Reine de ce château ! n'est-il pas autre chose
Que vous puissiez m'offrir pour gage de bonheur ?
N'est-il pas un trésor dont votre âme dispose...
Qui donc possèdera votre amour, mon seigneur,
      Votre amour, mon seigneur ?
   — Vous, Berthe de Normandie,
      Vous la plus jolie
    Des filles, des filles d'alentour,
    Vous dont le divin sourire,
      Au cœur qui soupire,
    Laisse un parfum d'amour !

LES RÊVES D'ENFANCE.

Air : *Petits enfants, troupe aimable, etc.*

Il est un âge où, simples et candides,
Nous nous plaisons au prisme de l'erreur,
Où, par nos sens, de jouissances avides,
La ronce même est transformée en fleur.
Vers l'avenir, à cet âge, on s'élance,
Riche d'espoir, vierge d'émotions ;
Que ne peut-on, de ses rêves d'enfance,
Garder le charme et les illusions !

Encore empreints des baisers d'une mère,
A notre cœur, ardent foyer d'amour,
Ce sentiment, devenu nécessaire,
Sur nous d'abord vient régner sans retour ;

Mais de nos feux l'idole qu'on encense
Ne réfléchit que de pâles rayons.
Que ne peut-on, de ses rêves d'enfance,
Garder le charme et les illusions !

Marchant trop tôt de méprise en méprise,
Devant nos pas s'enfuit la vérité;
Tel un esquif que le vent favorise
Court sur les mers, par la vague porté.
Notre âme alors s'ouvre à la défiance,
Et voit partout mensonge et fictions ;
Que ne peut-on, de ses rêves d'enfance,
Garder le charme et les illusions !

L'expérience, épreuve à qui tout cède,
Lorsque de tout à faux on a jugé,
A la raison, mais trop tard, vient en aide,
Et corps à corps, prend chaque préjugé ;
Lutte fatale où notre intelligence,
Dans le conflit, s'éteint par fractions,
Que ne peut-on, de ses rêves d'enfance,
Garder le charme et les illusions !

C'est donc en vain qu'à notre foi naïve,
Nous nous livrons en prenant notre essor ;
Le froid mécompte est là sur le qui vive,
Pour la glacer de son souffle de mort.
Le temps brutal, heurtant chaque croyance,
La brise encor sous ses déceptions.
Que ne peut-on, de ses rêves d'enfance,
Garder le charme et les illusions !

DALÈS aîné.

L'ANGÉLUS DU SOIR.

Paroles de M. G. LEMOINE, musique de Mlle L. PUGET.

*La Musique se trouve, à Paris, chez M. HEUGEL, édit.,
2 bis, rue Vivienne.*

Quand tout bruit meurt dans la plaine,
Où l'ombre des monts se traîne ;
Quand, de loin, sonne aux hameaux
La clochette des troupeaux ;
A cette heure des prières,
Couché le long des bruyères,
Que j'aime entendre, sans voir,
Pleurer l'angélus du soir.

Le laboureur qui s'arrête
Alors découvre sa tête,
Et le pâtre au fonds des bois
Fait le signe de la croix ;
La servante de la ville
Remplit son vase d'argile,
Ecoutant près du lavoir,
Pleurer l'angélus du soir.

Pourquoi, pauvre âme exilée,
Loin de ma chère vallée,
Ne vais-je plus tous les jours
Par le sentier, mes amours ;
Lorsque dans le ciel, sans voile,
Monte la première étoile,
Oh ! pourquoi ne puis-je plus
Pleurer avec l'angélus !

JEAN NE MENT PAS

CHANSONNETTE

Chantée par Mme **LEFÉBURE-WÉLY**,
Aux concerts du *Ménestrel*.

Paroles de M. E. BARATEAU, musique de M. E. ARNAUD.

La Musique chez M. HEUGEL, *édit.*, 2 *bis,* rue Vivienne.

Tous les jours, pourquoi, ma chère,
T'asseoir au bord du ruisseau ?
Ah ! ce n'est pas, je l'espère,
Pour te regarder dans l'eau.
— Mais si, reprit Madeleine,
Je ne vais à la fontaine,
Rien que pour me voir là-bas ;
Car Jean dit que je suis belle,
Et je veux, ajouta-t-elle,
Savoir si Jean ne ment pas.   (*bis.*)

Pour bien voir ton doux visage,
C'est perdre là bien du temps ;
Il suffirait, je le gage,
Au plus de quelques instans.
— Mais non, reprit Madeleine,
Un mois suffirait à peine
Pour me tirer d'embarras ;

Jean dit qu'en moi tout sait plaire...
Or, il faut du temps, grand'mère,
Pour voir si Jean ne ment pas.   (*bis.*)

Ça voyons, dis-moi, ma fille,
Qu'a répondu le ruisseau ?
Te dit-il la plus gentille
Du village et du hameau ?...
— Mais oui, reprit Madeleine,
Baissant ses grands yeux d'ébène,
Et se souriant tout bas ;
Il vante tout... ma figure,
Mon pied, ma main, ma tournure...
Et dit que Jean ne ment pas.   (*bis.*)

A Mlle **Louise Lavoye**, de l'Opéra-Comique.

MA BELLE VÉNITIENNE.

BARCAROLLE.

Paroles de M. TRINQUART, musique de M. J. VIMEUX.

La Musique chez M. HEUGEL, *édit.*, 2 *bis, rue Vivienne.*

Jeune fille,
Si gentille,
Dont l'œil brille
Eclatant ;
Je t'appelle,
Viens, ma belle,

Ma nacelle
Nous attend!
 Viens!
Jeune fille,
Si gentille,
Dont l'œil brille,
Eclatant ;
 Viens!
Je t'appelle,
Viens, ma belle,   } bis.
Ma nacelle
Nous attend!

Accours auprès de moi, ma chère,
Oh! vois comme le ciel est pur ;
Du soleil, la vive lumière
Etincelle au sein de l'azur.
        Viens!
    Jeune fille, etc.

Vois, l'onde pure et transparente
Reflète le feu des saphirs ;
Sa surface à peine est tremblante
Sous l'haleine des doux zéphirs!
        Viens!
    Jeune fille, etc.

Vois, la prairie est parsemée
De fleurs aux brillantes couleurs ;
Au loin, la rive parfumée
Répand de suaves odeurs!
        Viens!
    Jeune fille, etc.

L'ORPHELINE.

Paroles de M. Jaime, musique de M. Ch. Plantade.

La Musique chez M. Brullé, 16, *pass. des Panoramas.*

Voyez-vous cette croix, sur la colline,
    Au pied du vieux châlet,
C'est là que demeurait une pauvre orpheline :
    Marie, on la nommait.
Calme dans son malheur, naïve autant que pure,
    Sans désirs, sans espoir :
Elle n'aimait encor, dans toute la nature,
Que la fleur du matin et l'étoile du soir.

Si jeune, on la voyait pensive et solitaire
    Au monde dire adieu ;
Pour l'enfant que le ciel a privé de sa mère,
    Elle suppliait Dieu.
Quand elle interrompait sa touchante prière,
    C'était pour aller voir
Sur le bord du torrent, non loin de sa chaumière,
Ou la fleur du matin ou l'étoile du soir.

Mais triste et sans appui, son âme s'est flétrie
    Au souffle du malheur,
Et lasse de souffrir, elle a quitté la vie
    Pour un monde meilleur.
Nul n'a pris soin d'orner sa demeure dernière
    Par un pieux devoir ;
Et l'on ne voit briller sur sa modeste pierre
Que la fleur du matin et l'étoile du soir.

MARQUIS ET MARQUISE.

BLUETTE

Chantée par Mme **IWEINS-D'HENNIN**,

Aux concerts du *Ménestrel*.

Paroles de M. V. MABILLE,
Musique de M. Paul HENRION.

La Musique se trouve, à Paris, chez M. COLOMBIER,
éditeur, 6, rue Vivienne.

Madame la marquise,
Votre bras est bien fait,
Votre taille est bien prise,
Et votre pied parfait ;
J'aime, sur votre joue,
Ces mouches de velours,
Votre coquette moue
Et vos piquants discours.
Mais, ô ma toute belle !
Songez-vous qu'à l'instant
Votre fille Isabelle
Revient de son couvent ?

Adieu vos succès à la cour ;
Il faut que chacun ait son tour.   } *bis.*

— Marquis, si la franchise
Est votre qualité,
Souffrez que je vous dise
Aussi la vérité...
Vous portez à merveille
Manchettes à sabot,
Chapeau rond sur l'oreille,
Rubans, poudre et jabot ;
Mais, ô très noble père !
Songez-vous qu'à l'instant
Votre grand fils Valère
Revient du régiment ?
    Adieu vos succès, etc.

C'est ma fille Isabelle !
— C'est Valère mon fils !
— Marquise, qu'elle est belle !
— Qu'il est galant, marquis !
— Je crois voir ta figure,
Marquise, à dix-huit ans ;
— Je crois voir ta tournure,
Marquis, en ton printemps !
Si notre place est prise,
N'en soyons pas jaloux,
— Acceptez une prise,
Et raccommodons-nous !

Pour eux, les succès à la cour,
Il faut que chacun ait son tour.

Paris. — L. VIEILLOT, éditeur et seul propriétaire,
32, rue Notre-Dame-de-Nazareth.

Typ. de Appert fils et Vavasseur, pass. du Caire, 54.

LES VINGT SOUS.
DE PÉRINETTE.

BLUETTE

Chantée par Mlle Félix **MIOLAN**.

Paroles de M. Hippolyte GUÉRIN,
Musique de M. Paul HENRION.

La Musique se trouve, à Paris, chez M. COLOMBIER,
éditeur, 6, rue Vivienne.

Périne a trouvé vingt sous !
« J'en achèterai, dit-elle,
» Un ruban pour être belle
» A la fête au bois des houx. »
— Pourquoi ce ruban superbe,
Enfant, sur vos noirs cheveux ?
Un bluet cueilli dans l'herbe
Sans rien coûter vous va mieux.
  Ah ! ah ! ah ! ah !
   Périnette,
   La brunette
   Aux yeux doux,
Que ferez-vous, ma Périnette,
Que ferez-vous de vos vingt sous ?

Eh ! bien ! avec cet argent,
Dit la jeune fille en peine,
« Je doterai Madeleine,
» L'orpheline au vieux sergent ! »
— C'est noble à vous, ma chérie,
De songer à la pourvoir ;
Mais pour vingt sous, je vous prie,
Quel mari peut-elle avoir ?
Ah ! ah ! ah ! ah !
Périnette, etc.

Dans son cœur se ravisant,
« Oh ! dit l'enfant bonne et sage,
» Aux pauvres de mon village,
» Tenez, j'en ferai présent ! »
— Périne, c'est peu d'aumône
Pour calmer tant de douleur ;
Mais puisque du cœur qui donne
Tout cadeau prend sa valeur.
Dieu vous voit, Périnette,
La brunette
Aux yeux doux,
Et Dieu là-haut, ma Périnette,
Se souviendra de vos vingt sous !

PATER NOSTER.

MÉLODIE

Chantée par M. Alexis **DUPONT.**

Paroles de M. A. Nettement,
Musique de M. H. Louel.

La Musique se trouve, à Paris, chez M. Heugel, *édit.,*
2 bis, rue Vivienne.

Mes enfants, priez pour vos pères,
Qui dans ce monde de misères
Marchent d'un pas laborieux.
Ah ! priez, priez pour vos pères,
Notre père qui règne aux cieux !

Le ciel s'ouvre à vos voix bénies,
Saints concerts, pures harmonies,
Vos anges, devant le Seigneur,
Ne voient pas leurs splendeurs ternies
Par les pensers de votre cœur.
Quand le chef des saintes phalanges
Verse vos vœux et vos louanges,
Doux parfums dans la coupe d'or,
Dans l'âme si pure des anges,
Enfants, il croit puiser encor...

Mes enfants, priez, etc.

Priez, car le temps est bien sombre,
Chaque moment voit grandir l'ombre
Qui descend sur le genre humain :
Et pareil au vaisseau qui sombre,
Le monde hésite en son chemin...
Priez pour les pauvres qui pleurent :
Priez pour les peuples qui meurent
En jetant un long cri vers nous,
Et priez pour ceux qui demeurent,
Enfants, aussi faibles que vous.

     Mes enfants, priez, etc.

Mon Dieu, vos bontés sans secondes
Soutiennent à la fois les mondes,
Et le petit nid de l'oiseau ;
La mer vous doit ses eaux profondes,
La fleur vous doit sa goutte d'eau.
Donnez au puissant la clémence,
Au faible un rayon d'espérance,
Une patrie au pélerin,
Et faites germer l'abondance
Dans le sillon de l'orphelin.

Mes enfants, priez pour vos pères,
Qui dans ce monde de misères
Marchent d'un pas laborieux.
Ah ! priez, priez pour vos pères,
Notre père qui règne aux cieux !

JE VEILLE SUR TOI.

ROMANCE.

Paroles de M. E. RUPALLEY, musique de M. A. PLACET.

*La Musique se trouve, à Paris, chez M. L. VIEILLOT,
éditeur, 32, rue Notre-Dame-de-Nazareth.*

Contre le sommeil qui t'oppresse,
Pourquoi vouloir encor lutter ?
Je vois tes yeux baissés sans cesse,
Ne cherche plus à résister !

Mon ange bien chère,
Repose sur moi,
Ferme ta paupière,
Je veille sur toi !

bis.

Dors, et bientôt ma toute belle,
Un rêve à tes yeux m'offrira,
Beau rêve où mon âme fidèle
A ta jeune âme parlera !
Mon ange, etc.

Mais sur moi sa tête s'incline,
Et ses yeux ne se rouvrent pas :
Elle s'endort sur ma poitrine
En la berçant, chantons tout bas :

Mon ange bien chère,
Repose sur moi,
Ferme ta paupière,
Je veille sur toi !

bis.

LE FEU FOLLET.

MÉLODIE.

Paroles de M. CONSTANTIN, musique de M. BOIELDIEU.

*La Musique se trouve au Bureau central de Musique,
29, place de la Bourse, à Paris.*

> D'où viens-tu, flamme légère,
> Feu follet mystérieux?
> Monte, monte de la terre
> Pour t'élancer vers les cieux !   (*bis.*)

Oh ! dis-moi, feu follet, si ta flamme bleuâtre
Descend pour écouter la ballade du pâtre,
Ou si tu viens la nuit ranimer dans son cours
La jeune fille morte au printemps de ses jours!...
> D'où viens-tu, etc.

Es-tu, de l'Eternel, une lumière sainte,
Qui rallume ici-bas notre croyance éteinte?
Où la lampe des nuits, dont la blonde vapeur
Vient rendre l'espérance et la paix à mon cœur!...
> D'où viens-tu, etc.

Voltige doucement, sylphe aux brillantes ailes !
Eclaire les tombeaux ou bien les fleurs nouvelles ;
Et si tu t'envolais, prends mon âme avec toi
Pour qu'elle aille briller au séjour de la foi !...

> D'où viens-tu, flamme légère,
> Feu follet mystérieux?
> Monte, monte de la terre
> Pour t'élancer vers les cieux!   (*bis.*)

BENEDETTA.

ROMANCE

Chantée par Mme **DAMOREAU-CINTI**,
Aux concerts du *Ménestrel*.

Paroles de M. G. LEMOINE, musique de Mlle L. PUGET.

La Musique chez M. HEUGEL, édit., 2 bis, rue Vivienne.

Je suis née un jour de printemps,
Sous le ciel embaumé de la brune Italie,
Avec ses fleurs, avec ses chants,
Avec son beau soleil, j'ai respiré la vie !
Ma mère dit, en me berçant,
Tu n'auras, ma pauvre enfant,
Ni l'or, ni la noblesse ;
Mais ton nom te protègera,
Car ce nom te donnera
Bonheur, amour, richesse.
Ma mère en disant cela,
Sur mon front qu'elle baisa,
Mit ce doux nom-là :
Benedetta !
Mon talisman, le voilà !   (*bis.*)
J'ai ce doux nom-là :
Benedetta !

Tout m'a réussi depuis lors ;
Ce nom, comme une étoile, a brillé sur ma tête.
Je n'ai ni palais, ni trésors ;
Mais de chants et d'amour, ma vie est une fête !

Quand je parais, on me sourit ;
En me voyant, chacun dit :
Vraiment elle est charmante !
La foule au murmure flatteur,
M'accueillant avec faveur,
Applaudit quand je chante...
Savez-vous pourquoi cela ?
D'où vient tout ce bonheur-là ?
    C'est qu'on m'appela :
      Benedetta !
    Mon talisman, le voilà !   (*bis.*)
    J'ai ce doux nom-là :
      Benedetta !

Plus d'un jeune et brillant seigneur,
Plus d'un beau cavalier me jure qu'il m'adore ;
    Mais entr'eux hésite mon cœur,
Lequel faut-il choisir ? Je n'en sais rien encore.
    Mêmes sermens, mêmes aveux,
    Quel est le plus amoureux ?
    Pour moi, c'est un mystère,
    Mais quand je me déciderai,
    Je sais que je choisirai
    Le cœur le plus sincère...
    Je suis sûre de cela :
    Car mon talisman est là,
      Oui, l'on m'appela :
        Benedetta !
      Mon talisman, le voilà !   (*bis.*)
      J'ai ce doux nom-là :
        Benedetta !

LE SIMOUN.

CHANT ARABE

Chanté par **M. TAGLIAFICO**,

Du théâtre Italien,

Aux Concerts du *Ménestrel.*

Paroles de M. Marc CONSTANTIN,
Musique de M. Louis ABADIE.

La Musique se trouve, à Paris, chez M. HEUGEL, édit.,
2 bis, rue Vivienne.

L'air est brûlant dans notre aride plaine,
Le ciel en feu semble fondre sur nous,
Et du désert la dévorante haleine,
Comme un volcan s'amoncelle en courroux !...
Entendez-vous, dans le palmier sauvage,
Le sifflement des autans en fureur ?
Fils du désert, frémissez de terreur !
Savez-vous bien quel est ce noir nuage ?
       Allah !
O Mahomet ! vers toi, je tends les bras,   } *bis.*
C'est le simoün qui s'avance là-bas !

Si nous pouvions, sur nos coursiers numides,
Fuir le fléau qui menace nos jours,
Si nous étions au pied des pyramides,
Leur seul abri nous porterait secours;
Mais c'en est fait, car voici la tempête,
Vers l'Orient courbons nos fronts poudreux,
Pour conjurer notre destin affreux,
Prosternons–nous devant le saint prophète,
     Allah !
   O Mahomet, vers toi, etc.

Bientôt le sable en sa mourante houle
Passa brûlant, dans son puissant effort,
Comme un serpent qui se tord et se roule,
La caravane avait trouvé la mort;
Mais à genoux et la face voilée,
Seul, un Arabe, en prière et tremblant,
Disait encor sous le ciel dévorant,
En contemplant la plaine désolée :
     Allah !
O Mahomet... vers toi, je tends les bras,   }
Car ton pouvoir m'a sauvé du trépas !   } *bis.*

BOULE DE NEIGE.

CHANSON NÈGRE

Chantée par **M. LECOURT**, au théâtre du Vaudeville,
Dans le 2ᵉ Numéro de *La Foire aux Idées.*

Paroles de MM. de LEUVEN et BRUNSWICK,
Musique de M. Henri POTIER.

La Musique chez M. HEUGEL, *édit.*, 2 *bis, rue Vivienne.*

Moi, né dans Mozambique,
Sur terre de l'Afrique,
De mon papa chéri
J'étais le favori !
Un jour, marchand d'Europe
Entra dans case à nous,
Et voilà qu'il dév'loppe
P'tits couteaux et bijoux.
Oh ! oh ! oh ! hi ! hi ! hi !
Qu' c'était brillant, qu' c'était joli !

(*Parlé.*) Voilà que bon petit père à moi... avoir
envie, bien envie, d'un collier en verroterie.....
Mais papa, pas z'argent...

Alors, bon petit père,
Dit à joli marchand :
Changeons, j' prends collier d' verre,
Prenez, mon cher enfant.
— C'est dit ! c'est fait ! — voilà ! — voilà !
Du collier papa
Se para,
Et, joyeux, dansa

La chika !

Ah ! ah ! ah ! oh ! oh ! oh ! oh !

Colon de l'Amérique
Prit moi pour domestique...
Un emploi m' fut donné :
Chasser mouch's de son né...
Moi, pas pouvoir apprendre...
Moi, chasser mouch's pas bien...
Maître alors veut me r'vendre,
Parc' que moi bon à rien.
Oh ! oh ! oh ! hi ! hi ! hi !
Achetez-moi !... moi bien joli !

(*Parlé.*) Tout-à-coup... boum ! boum !... canons
du fort !... li bons nègres libres !... moi arrivé dans
grand ville... bien logé dans belle chambre...

Oh ! oh ! qué bonne affaire !
Pauvr' p'tit homm' de couleur,
Moi, qui n' savais rien faire,
J' suis administrateur !
J' suis bien nourri...
Mais pas blanchi !
Chaqu' jour je fais
Des p'tits projets ;
J' danse la chika,
La tapioca...
Oh ! oh ! oh ! oh ! oh ! oh ! oh !

La Foire aux Idées, 2ᵉ numéro, journal-vaudeville en trois
actes, en vente chez MM. MICHEL LÉVY frères, éditeurs, rue Vivienne, 1. — Prix : 60 cent.

Paris. — *L. VIEILLOT, éditeur et seul propriétaire,*
32, rue Notre-Dame-de-Nazareth.

Typ. Appert fils et Vavasseur, pass. du Caire, 54.

TA RÉSILLE.

BOLERO:

Paroles de M. D. CADILLAC, musique de M. L. ABADIE.

La Musique se trouve à Paris chez MM. MEISSONNIER
et fils, éditeurs, 22, rue Dauphine.

AIR : *O dis-moi, douce Marie.*

Ta résille,
Jeune fille,
Te fait plus belle et gentille
Que la reine de Castille
Souriant à son miroir;
Toi, blondette,
Joliette,
Et de taille si parfaite,
Dans la fête
Si coquette,
Que j'ai de plaisir à te voir !

Oui, de Tolède à Girone,
De Séville à Barcelonne,
De Burgos à Pénoflor,
Je n'ai vu pareil trésor.

Ta résille, etc.

Je ne suis qu'un gentilhomme,
Mais si du plus beau royaume,
Demain je devenais roi;
Eh bien ! il serait pour toi !

Ta résille, etc.

J'ai trois castels dans la plaine ;
Deviens-en la châtelaine ;
Je suis plus riche qu'un roi
Si ta résille est à moi !

Ta résille,
Jeune fille,
Te fait plus belle et gentille,
Que la reine de Castille
Souriant à son miroir;
Toi, blondette,
Joliette.
Et de taille si parfaite,
Dans la fête
Si coquette,
Que j'ai de plaisir à te voir !

L'ENFANT DU DÉSERT.

AIR *des frères Moraves* (Victor HUGO).

O ma cavale, prends tes ailes,
Pour franchir l'horizon en feu,
Et vois par tes noires prunelles,
La distance et l'horizon bleu.
Vole, ô ma compagne sauvage,
Devant toi l'espace est ouvert,
L'air brûle et pas encor d'ombrage,
Ni repos sous le palmier vert,
C'est ainsi que parlait un enfant du désert.

Là-bas m'attend ma bien aimée,
L'Africaine aux longs voiles blancs ;
Tu connais sa main parfumée
Dont les doigts caressent tes flancs.
Allons, ma fidèle éolienne,
Sois toujours rivale des vents,
Bondis dans la superbe arène,
Foule aux pieds les sables mouvans,
Le simoün aujourd'hui peut briser tes élans.

Mais déjà la soif nous dévore,
Ton essor n'est plus si léger,
Courage, amie, et vole encore,
Souviens-toi du dernier danger.
Allah ! protège notre course,

Le prophète a parlé pour nous.
Vois-tu le cristal d'une source
Qui jaillit jusqu'à tes genoux,
Le soleil a pâli son fier regard jaloux.

L'azur des cieux devient livide
Et l'Arabe frémit trois fois ;
Dans l'immense désert aride
Son amie a peur de sa voix.
C'était comme un cri funéraire ;
Adieu ses chants parlant d'amour,
Ses yeux ont perdu la lumière,
L'espérance fuit sans retour,
Le simoün a creusé sa tombe dans un jour.

Ernest MARTIN.

LE PAPILLON.

AIR : *De bien loin je vous rapporte des airs de chansons.* (Ch. Gille.)

Ou : *J'arrive à pied de province.*

Parmi les fleurs, je voltige
Selon mon désir,
J'en visite chaque tige,
Par goût, par plaisir.
Là, j'ai fondé mon empire
Aux mille couleurs,

Ce qui me rend fier de dire :
      Je suis roi des fleurs.

Parfois, si quelques profanes,
      A l'impur toucher,
De mes ailes diaphanes
      Veulent s'approcher,
Pour punir leur imprudence,
      Moi, je vole ailleurs,
En leur jetant pour vengeance :
      Je suis roi des fleurs !

Dans ma retraite fleurie
      Je tiens mon bercail,
Des roses de la prairie
      Je fais mon sérail.
Pour qu'aucune ne rejette
      Mon droit par des pleurs,
Je dis à chaque sujette :
      Je suis roi des fleurs !

Dieu m'a fait son légataire,
      Et, bienfait nouveau,
Il m'a donné, sur la terre,
      Pour trône un pavot.
Vous, qu'un palais environne,
      Courtisans, flatteurs,
Tombez devant ma couronne :
      Je suis roi des fleurs !

                        Eugène LECLÈRE.

LES BAYADÈRES.

Paroles de M. L. ESCUDIER.
Musique de M. Félicien DAVID.

La musique se trouve à Paris, chez M. CHALLIOT, éditeur,
352, rue Saint-Honoré.

Je suis la jeune bayadère
Toujours joyeuse, aux yeux d'azur,
Et j'ai la taille plus légère
Qu'un rayon d'or sous le ciel pur ;   (*bis.*)
J'ai pour abri les fleurs, l'espace,
Et pour palais l'oasis vert.
J'ai pour ami l'oiseau qui passe,
Pour promenade le désert.   (*bis.*)

Le matin en levant mon voile
Mes yeux s'éveillent au soleil,
Et le soir au feu d'une étoile
Mon front demande le sommeil.   (*bis.*)
C'est en vain qu'on cherche ma trace,
Je suis plus léger que l'air ;
J'ai pour ami l'oiseau qui passe,
Pour promenade le désert.   } (*bis.*)

En voyant balancer ma tête
Sur mon cœur qui ne parle pas,
L'on me suit et chacun s'apprête
A me parler tout bas, tout bas,   (*bis.*)
Mais en vain l'on cherche ma trace,
Je suis plus légère que l'air ;
J'ai pour ami l'oiseau qui passe,
Pour promenade le désert.

LA BELLE
JEANNE - MARIE.

ROMANCE.

Chantée par M. PONCHARD, aux concerts du *Ménestrel.*

Paroles de M. Gustave LEMOINE.

Musique de mademoiselle Loïsa PUGET.

La musique se trouve, à Paris, chez M. HEUGEL,
éditeur, 2 bis, rue Vivienne.

La belle Jeanne-Marie
Descend de son pied léger ;
C'est l'heure, où dans la prairie,
Va passer le beau berger.
　　Sa mère en riant
　　Lui dit : mon enfant,
Qui donc t'éveille à présent,
　　Le berger qui part
　　A-t-il, par hasard,
Pour toi quelque doux regard ?
　　— Non, jamais, ma mère !
Son cœur ne veut pas choisir ;
　　Il va solitaire,
Et moi, je ne puis dormir !

Non jamais, ma mère,
Son cœur ne veut plus choisir ;
Il va solitaire,
Et moi, je ne puis, moi, je ne puis dormir !

— D'indifférence on l'accuse ;
Mais cet air qu'il a toujours,
N'est, mon enfant, qu'une ruse
Pour mieux cacher ses amours.
Hier, on causait :
Tout bas, on nommait
La bergère qu'il aimait ;
On disait encor :
Elle a bien peu d'or,
Mais son cœur est un trésor.
Par pitié, ma mère,
Car vous me faites mourir,
Ah ! veuillez me taire
Celle qu'il a pu choisir,
— Par pitié, ma mère,
Car vous me faites mourir,
Et la nuit entière,
Moi, je ne pourrai, je ne pourrai dormir !

— Ecoute, Jeanne-Marie :
Aux grands parens, ce matin,
De cette fille chérie
Il a demandé la main.
Le père a dit : oui !
La mère avec lui
A dit : je consens aussi.
Il manque pourtant
Un consentement !...
Et... c'est... le tien, mon enfant !

— C'est moi qu'il préfère !
C'est moi qu'il a pu choisir !
De joie, ô ma mère,
On peut donc ne pas mourir !
C'es' moi qu'il préfère !
C'est moi qu'il a pu choisir !
De joie, ô ma mère,
Ah ! je ne pourrai, je ne pourrai dormir !

LA MER SE PLAINT TOUJOURS.

ROMANCE DRAMATIQUE.

**Chantée par Mme IWEINS-D'HENNIN,
aux concerts du *Ménestrel*.**

Paroles de M. H. GUÉRIN, musique de M. J. POTHARST.

La musique se trouve, à Paris, chez M. HEUGEL,
éditeur, 2 bis, rue Vivienne.

Depuis qu'il est parti je viens sur ces rivages...
Vaste abîme où sans fin j'entends pleurer les flots,
O mer, pourquoi gémir en éternels sanglots,
Toi dont tout est la proie et qui fais les naufrages ?
    Hélas ! nous qui souffrons,
    Nous inclinons nos fronts !...
    Et la mer qui dévore
    Tant d'espoirs, tant d'amours !...
    La mer se plaint encore !
    La mer se plaint toujours !

Au retour de Pietro, voici l'heure assignée,
« Dans trois jours, disait-il » Et les trois jours ont lui.
Cependant je ne vois ni sa barque ni lui !
Et l'œil à l'horizon, j'attends là, résignée...
   Oui ! j'attends en ce lieu
   Sans me plaindre de Dieu !...
   Et la mer qui dévore
   Tant d'espoirs, tant d'amours,
   La mer se plaint encore !
   La mer se plaint toujours.

Mais quelle est cette voile arrivant sous la bise,
Linceul d'un pauvre esquif sans guide et sans agrès ?...
Ah ! Pietro... c'est la tienne !... Oh ! viens et de plus près.
Parle, mon tendre ami !... c'est moi ! c'est ta promise.
   Quoi !... rien dans ses débris
   Ne répond à mes cris !...
   Et la mer qui dévore
   Mon espoir, mes amours,
   La mer se plaint encore !
   La mer se plaint toujours !

LE FOURNIMENT

OU

COMPAGNON DU GRENADIER.

CHANSON MILITAIRE.

Paroles du sieur GAGNIOT, grenadier français.

Musique de Charles PLANTADE.

La musique se trouve, à Paris, chez M. BRULLÉ,
éditeur, 16, passage des Panoramas.

Sais-tu pourquoi que je t'estime,
Dis-moi donc, mon cher fourniment,
C'est que tu fus toujours mon intime
Depuis que j'suis au régiment.
Pour monter d'main nous deux la garde,
Je vas té blanchir, te nettoyer;
J'veux qu'on admire à la parade   } (bis.)
Le compagnon du grenadier.

C'est par toi, charmante giberne,
Qué d'abord je vas commencer;
Par toi qu'on n'a jamais vu' terne,
Et que l'on peut toujours s'y mirer.
Tu dois, ma petite, être fière,
D'avoir l'honneur de renfermer
Les chéveux d'la particulière,   } (bis.)
Et les cartouches du grenadier.

Noble sontien dé ma vaillance,
Joli fusil ! si clair ! si beau !
Qué pour lé service dé la France,
Tu s'rais dans l'cas d'partir dans l'eau,
Au tripoli, fils de la gloire !
Tu dois l'éclat de ton acier,
Comme je té dois la victoire,　　　}(bis.)
Vieux compagnon du grenadier.

Sabre d'honneur, sabre de guerre,
Tu seras toujours lé défenseur,
De celle qu'elle a su me plaire
Et qu'elle gouverne mon cœur.
Gare à celui-là qui t'offense !
Il doit dé toi sé méfier...
Car tu coup's les enn'mis de la France }(bis.)
Comm' les rivaux du grenadier.

Mon havresac, mon tendre frère,
Qué d'fois sur mon dos j't'ai porté ;
Dans la Russie, dans la Bavière ;
Avec moi partout t'as trotté.
Tu contiens les bas, la chemise,
Lé pantalon d' drap d'officier,
Et les mouchoirs que la païse,　　　}(bis.)
Fit présent à son grenadier.

Paris. — L. VIEILLOT, éditeur et seul propriétaire,
32, rue Notre-Dame-de-Nazareth.

Imp. Lange Lévy et C°. 16, rue du Croissant.

TROIS SOLDATS
BRETONS.

RÉCIT.

Chanté par Mme IWEINS-D'HENNIN.

Paroles de M. E. BARATEAU, musique de M. P. HENRION.

La musique se trouve, à Paris, chez M. COLOMBIER,
éditeur, 6, rue Vivienne.

Trois soldats, presque du même âge,
Tous trois Bretons, tous trois amis,
Causaient, sur un lointain rivage,
De leur amour pour leur pays !... (*bis.*)
Le premier disait : « Loin de France,
Vers ma montagne, à laquelle je pense
    Toujours, toujours !
S'en vont mes vœux de tous les jours !
    Au nom de ma montagne,
    La tristesse me gagne,
      Car, mes amis,
    Ah ! ma pauvre montagne, (*bis*)
    Pour moi c'est mon pays,
      Tout mon pays ! »

Le second d'une marguerite,
Effeuillait la pâle couleur...
Soudain, son cœur battit plus vite
A la réponse de la fleur !... (*bis.*)

Album du Ménestrel. 2ᵉ vol.   **12ᵉ liv.**

Puis, il s'écria : « Loin de France ,
Vers mon Yvonne, hélas! à qui je pense
    Toujours, toujours !
S'en vont mes vœux de tous les jours!...
    Au souvenir d'Yvonne,
    La force m'abandonne,
      Car, mes amis,
    Ah ! voyez-vous, Yvonne , (*bis.*)
    Pour moi, c'est mon pays,
      Tout mon pays ! »

Et bientôt , parla le troisième ;
C'était le moins âgé d'entr'eux ,
Rien qu'en songeant à ce qu'il aime,
Des pleurs brûlans voilaient ses yeux !...   (*bis*)
Celui là disait : « Loin de France,
Oui vers ma mère à qui toujours je pense,
    Toujours, toujours !
S'en vont mes vœux de tous les jours !...
    Vers sa pauvre chaumière,
    S'envole ma prière,
      Car, mes amis,
    Ah ! Dieu le sait ! ma mère ! (*bis*).
    Pour moi, c'est mon pays ,
      Tout mon pays ! »

LA RÉVOLTE AU SÉRAIL.

CRI DE GUERRE.

Paroles de M. G. LEMOINE, musique de Mlle L. PUGET.

La musique se trouve à Paris chez M. CHABAL,
éditeur, 10, boulevart Montmartre.

Un jour, les bayadères
Brisèrent leur prison.
« Sultan, de vos manières
» Vous nous ferez raison. »
Plus de verroux, de grilles,
Ou nous vous répondrons
En braves jeunes filles,
Par la voix des canons :

La guerre !... la guerre ! la guerre !...
Marchons, troupe légère ;
Plus de folles amours!
La guerre! les canons! les tambours !
Et ces droits que nos larmes
Ne purent obtenir,
    Nos armes
Sauront les conquérir.

Toujours à l'exercice
Elles faisaient, dit-on,
En bonnet de police,
Des feux de peloton.

Ombragés de panaches,
Tous ces jolis soldats,
Relevant leurs moustaches,
Tonnaient, marchaient au pas :

La guerre, etc.

Pour fléchir leur colère,
Viennent des députés ;
Messieurs, nous voulons faire
Nos quatre volontés :
Moi, je veux la finance,
Ou nous verrons beau jeu ;
Et moi, la présidence,
Ou nous ferons, morbleu !

La guerre, etc.

Mais un fin diplomate,
Talleyrand du sérail,
Offre, ce qui les flatte,
Perles, rubis, corail...
Et tandis qu'on déploie
A leurs regards charmés,
Tissus d'or et de soie,
Leurs bras sont désarmés !...

La paix ! et plus de guerre !
Cédez, troupe légère ;
Laissez, pour les amours,
La guerre, les canons, les tambours ;
Et ces droits, que vos armes
N'auraient pu nous ravir,
    Vos charmes
Sauront les conquérir !

MA NICETTE.

CHANSONNETTE

Paroles de M. J. LAURE, musique de M. F. BERTON.
La musique se trouve à Paris chez **M. BRULLÉ**,
éditeur, 16, passage des Panoramas.

Vous n'avez pas vu ma Nicette,
Belle comme le plus beau jour;
A la fois maligne et simplette,
On la croirait sœur de l'amour.   (*b. s.*)
Elle dit, d'une grâce extrême :
Aimez-moi, je veux que l'on m'aime,
Rendez-vous à ma douce loi,
Je veux que l'on m'aime,   } (*bis.*)
    Aimez-moi,
Je veux que l'on m'aime,
    Aimez-moi.

A travers son espièglerie,
Et malgré ses airs innocents,
Perce un peu de coquetterie,
Bien qu'elle n'ait que dix printemps.
Elle dit, d'une grâce, etc,

Sa naïve coquetterie
Ajoute encore à ses attraits,
Qu'elle gronde ou bien qu'elle rie,
On ne peut éviter ses traits ;
Et son silence dit de même :
Aimez-moi, je veux que l'on m'aime;
Rendez-vous à ma douce loi,
Je veux que l'on m'aime,   } (*bis.*)
    Aimez-moi,
Je veux que l'on m'aime,
    Aimez-moi.

PERLE DE L'ORIENT.

ROMANCE.

Chanté par M. TAGLIAFICO, du Théâtre-Italien,

Paroles de M. A. RICHOMME, musique de J. VIMEUX.

La musique se trouve, à Paris, chez M. HEUGEL,
éditeur, 2 bis, rue Vienne.

Les vils esclaves de ces lieux !...
Ils disent que je suis ton maître,
C'est qu'ils ignorent quel peut être
Le doux empire de tes yeux !...
Ton maître !... mon âme asservie,
Ne sait qu'obéir à ta loi !...
Perle de l'Orient, mon esclave chérie, }
Je suis dans mes palais plus esclave que toi !... } (bis.)
Oui, plus esclave que toi !

Tu le sais bien, si tu voulais,
Je quitterais pour toi ce trône
Et cet éclat qui m'environne,
Et mes harems et mes palais !...
Oh ! parle !... trésor de ma vie,
Partout je veux suivre ta loi !...
Perle de l'Orient, etc.

Moi, ton maître ! et qui donc tonjours
Comme un enfant demande grâce
Quand sur nous un nuage passe
Et vient attrister nos amours ?
Te plaire... c'est ma seule envie,
Tes vœux les plus chers sont ma loi !...
Perle de l'Orient, mon esclave chérie, }
Je suis dans mes palais plus esclave que toi ! } (bis.)
Oui, plus esclave que toi !

LA REINE DE LA MOISSON.

ROMANCE.

Chantée par Madame SABATIER
aux concerts du *Ménestrel*.

Paroles de M. E. de LONLAY, musique de M. E. ARNAUD.

La musique se trouve, à Paris, chez M. HEUGEL,
éditeur, 2 bis, rue Vivienne.

De nos vallons je suis la reine,
J'ai pour sujets les moissonneurs ;
Le ciel m'a fait leur souveraine,
Je règne ici, je règne ici sur tous les cœurs !
Ah ! ah !
De la moisson je suis la reine,
Ah ! ah !
Je règne ici sur tous les cœurs !

Dès que paraît la pâle aurore
Elle sourit à mon réveil ;
Dans le ciel bleu qui se colore,
Bientôt se lève un beau soleil !
Et c'est pour moi que l'alouette,
Toute joyeuse aux feux du jour,
Le rossignol et la fauvette,
Font retentir leurs chants d'amour !   (*bis.*)

De nos vallons, etc.

Contre mes droits, ma cour fidèle
Ne forme point complots méchants ;
En souriant, chacun m'appelle
Gentille et blanche fleur des champs.
A mon destin je m'abandonne,
Reine d'un jour, d'une saison ;
De blonds épis je me couronne,
Quand vient le temps de la moisson !

De nos vallons, etc.

Pour le glaneur, toujours je laisse
De beaux épis, la part de Dieu !
Pour l'indigence et la vieillesse,
Je vais priant dans le saint lieu !
Mon peuple aussi gaîment me fête,
Et si jusqu'au palais d'un roi,
Parfois éclate la tempête,
La paix du cœur règne chez moi !

De nos vallons je suis la reine,
J'ai pour sujets les moissonneurs !
Le ciel m'a fait leur souveraine,
Je règne ici, je règne ici sur tous les cœurs !
Ah ! ah !
De la moisson je suis la reine,
Ah ! ah !
Je règne ici sur tous les cœurs !

MA PROMISE.

CHANSONNETTE.

Paroles de M. Emile BARATEAU.

Musique de M. Alfred LAIR DE BEAUVAIS.

La musique se trouve, à Paris, chez M. HEUGEL,
éditeur, 2 bis, rue Vivienne.

De Francette, ma promise,
On pourra bien imiter
L'élégance de sa mise,
Que partout j'entends citer...
Mais égaler sa tournure,
Parée ou bien sans parure,
Oh ! non , je vous le promets,
On ne le pourra jamais,
    Ah ! ah !
Oh ! non , je vous le promets,
    Ah ! ah !
On ne le pourra jamais !

De Francette, ma promise,
On a souvent répété
Les airs qu'elle chante, assise
Au bord du ruisseau, l'été...
Mais égaler sa voix pure,
Si frais accents, doux murmure ,

Oh ! non , je vous le promets,
On ne le pourra jamais !
        Ah ! ah !
Oh ! non , je vous le promets ,
        Ah ! ah !
On ne le pourra jamais !

Pour Francette , ma promise ,
Tous les garçons d'alentour,
Je le dis avec franchise ,
Ont beaucoup, beaucoup d'amour...
Mais égaler de ma flamme
La moitié... non , sur mon âme,
Oh ! non , je vous le promets,
Ils ne le pourront jamais !
        Ah ! ah !
Oh ! non , je vous le promets,
        Ah ! ah !
Ils ne le pourront jamais !

J'SIS AMOUREUX.

CHANSONNETTE.

Paroles de M. MARC-CONSTANTIN.

Musique de M. MARQUERIE.

La musique se trouve, à Paris, chez M. HEUGEL,
éditeur, 2 bis, rue Vivienne.

M'am'zell', que j'sis heureux,
De vous, j'sis amoureux!
Ah! oui, vraiment, j'sis ben heureux,
Pisque d'vous j'sis amoureux;
Ah! vraiment, j'sis ben heureux,
Pisque d'vous j'sis amoureux!   (*bis.*)

Quand j'vous ai vu' z-à la prom'nade,
Ma têt' tourna comm' mon moulin;
Pendant huit jours j'en fus malade.
Et mon pauvr' cœur fut dans l'pétrin!
Vous étiez si drôlette
Dans vos biaux affiquets,
Qu' j'en pleurais comm' un' bête
Sitôt que j' vous voyais.

Mam'zell', que j'sis, etc.

Mam'zell', je voudrais, pour vous plaire,
Etr' voltigeur ou guernadier,
Et si jamais j' pars pour la guerre,
Je saurai bien m' couvrir d' laurier.

A la premièr' boulette
De la poudre en courroux,
J' prendrais cell' d'escampette
Pour êtr' plutôt près d'vous.

Mam'zell', que j' sis, etc.

Vos lèvr's sont roug's comm' des groseilles,
Et vos joues comm' des pomm's d'àpi ;
J'adore aussi vos belles oreilles,
Vos p'tits yeux m' font perdr' l'appétit.
  Ma figure' peut n' pas plaire.
  Mais du moins l' cœur est bon !
  A l'écorce on n' jug' guère
  De la valeur du m'lon

Mam'zell', que j' sis, etc.

Pour dot aujourd'hui, moi, j' vous offre
Mon àn', mon cœur et cent louis d'or :
J'ai mis tout ça dans un p'tit coffre,
Et trois pourciaux qu' j'y joins encor.
  Mais je vous vois sourire,
  Vous m' tendez vot' p'tit' main,
  Oh! j' vous promets d' vous dire
  Longtemps après l'hymen :

  Mam'zell', que j' sis heureux,
  De vous, j' sis amoureux !
Ah ! oui, vraiment, j' sis ben heureux,
  Pisque d' vous j' sis amoureux,
  Ah! vraiment, j' sis ben heureux,
  Pisque d' vous j' sis amoureux !   (*bis.*)

Paris — L. VIEILLOT, éditeur et seul propriétaire, 32,
rue Notre-Dame-de-Nazareth.

Imprimerie Lange Lévy et Comp., 16, rue du Croissant.

LES FEUILLES MORTES.

ROMANCE

Chantée par **Mme RABY**,

Aux concerts du *Ménestrel*.

Paroles de M. Adolphe PORTE,

Musique de M. Louis ABADIE.

La Musique se trouve, à Paris, chez M. HEUGEL, *édit* ,
2 bis, rue Vivienne.

Mes jours sont condamnés, je vais quitter la terre,
Il faut vous dire adieu, sans espoir de retour !
Vous, qui pleurez, hélas ! bel ange tutélaire,
Laissez tomber sur moi vos doux regards d'amour !
Du céleste séjour entr'ouvrez-moi les portes.
Et du maître éternel pour adoucir la loi,

Quand vous verrez tomber, tomber les feuilles mortes,
Si vous m'avez aimé, vous prîrez Dieu pour moi,
Si vous m'avez aimé (*bis*), vous prîrez Dieu pour moi !

Oui, le premier printemps va fleurir sur ma tombe,
Oui, ce jour qui m'éclaire est mon dernier soleil...

Et des arbres jaunis chaque feuille qui tombe,
Me montre du trépas le lugubre appareil.
Oui, des oiseaux du ciel, les légères cohortes,
Chanteront dans les airs, sans causer mon effroi !
    Quand vous verrez tomber, etc.

Sans vous, sans votre amour je quitterais la vie,
Sans y rien regretter, comme un séjour de deuil :
Aux chagrins, aux revers, ma jennesse asservie,
Voit la mort comme un phare et non comme un écueil ;
Mais j'ai, par vos doux soins, des douleurs plus fortes
Bravé les traits cruels, sans trouble et sans effroi !

Quand vous verrez tomber, tomber les feuilles mortes,
Si vous m'avez aimé, vous prîrez Dieu pour moi,
Si vous m'avez aimé (*bis*), vous prîrez Dieu pour moi.

L'AMITIÉ.

MÉLODIE.

Paroles de M. de VILLENEUVE,
Musique de M. BERDALLE DE LAPOMMERAYE.

La Musique se trouve, à Paris, chez M. LEDUC, édit.,
18, rue Vivienne.

Tendre amitié, toi sœur de l'espérance,
Ange du ciel consolant le malheur,
Ton dévouement grandit dans la souffrance,
Et ta présence apporte le bonheur.

Que l'amitié m'inspire
Et que ma jeune lyre
Se plaise à lui redire
Un naïf chant du cœur.

Tendre amitié, toi sœur de l'espérance,
Ange du ciel consolant le malheur,
Ton dévoûment grandit dans la souffrance,
Et ta présence apporte le bonheur !

Le temps s'enfuit, les instants qu'il entraîne
En s'envolant emportent les amours.
Jamais, jamais le temps ne les ramène,
Mais l'amitié seule reste toujours,
        Et sa douce présence
        Est de toute souffrance
        L'appui, la providence
        Qui veille tous les jours.
    Tendre amitié , etc.

Quand le trépas de son aile glacée
D'un tendre ami vient effleurer les yeux ;
Auprès de lui, triste, pâle, oppressée,
Pour l'Eternel tu recueilles tes vœux !
        Et souvent ta prière
        Lui rendant la lumière,
        Le rattache à la terre,
        En volant vers les cieux !

Tendre amitié, toi sœur de l'espérance,
Ange du ciel consolant le malheur ;
Ton dévoûment grandit dans la souffrance,
Et ta présence apporte le bonheur !

MA CRÉOLE.

ROMANCE

Chantée par **M. WARTEL,** de l'Opéra,

Aux Concerts du *Ménestrel.*

Paroles de M. Marc CONSTANTIN,
Musique de M. P. CHÉRET.

*La Musique se trouve, à Paris, chez M. HEUGEL, édit.,
2 bis, rue Vivienne.*

O ma belle créole,
Que j'aime l'auréole   (*bis.*)
De tes cheveux tremblants !
Pour ton regard de flamme,
Je donnerais mon âme,   (*bis.*)
Doux trésor de printemps !

Lorsque la brise frémissante
Vient agiter son voile blanc,
Que j'aime à la voir bondissante
Sur sa mule aux grelots d'argent !
Puis sur l'opale de sa joue,
Le soir à l'ombre d'un jasmin,
Voir l'éventail qui plie et joue
Dans sa petite et blanche main !

Oh ! ma belle, etc.

Que je l'admire sur la grève,
Errant seule et le front penché !
Ainsi que l'ange que l'on rêve
Et que l'on a longtemps cherché !
Combien je l'aime, brune et vive,
L'œil en feu, les bras arrondis,
Heureuse, glissant sur la rive,
Comme un oiseau de paradis !

    Oh ! ma belle, etc.

Mais je chéris bien plus encore
Son cœur, douce image des cieux ;
Cœur d'ange, que le mien implore
Dans ses songes mystérieux !
C'est là pour moi le bien suprême
Qu'à rêver je passe mes jours !
Oui, pour ce cœur, ce cœur que j'aime,
Mes plus doux chants diront toujours :

    Oh ! ma belle créole,
    Que j'aime l'auréole   (*bis.*)
    De tes cheveux tremblants !
    Pour ton regard de flamme,
    Je donnerais mon âme,
    Doux trésor de printemps !

LE PICADOR.

Paroles de M. E. de LONLAY, musique de M. J. VIMEUX.

La Musique chez M. COLOMBIER, 6, *rue Vivienne.*

Le clairon a sonné : dans un flot de poussière
Le taureau furieux bondit en frémissant,
Battant ses larges flancs, faisant voler la terre
     Sous son pas retentissant !
       Ioh ! ioh !
       Tout son corps fume,
       Sa langue écume,
       Dans sa fureur
       Il bat la terre...
       Ioh ! ioh !...   (*bis.*)
       La tête altière,
       J'attends sans peur,
     Je suis, je suis picador sans peur !

Il court, mugit, menace, et rien sur son passage
N'arrête son élan, ne s'oppose à ses pas ;
Malheur !... aux imprudents ! sans merci dans sa rage
     Il leur donne le trépas !...
       Ioh ! ioh !
       Tout son corps, etc.

Haletant, assailli, sentant son sang qui coule,
Le taureau frappe l'air de ses rugissements,
Étouffés aussitôt par les cris de la foule
     Et ses longs trépignements !...
       Ioh ! ioh !
       Tout son corps, etc.

ÉGLANTINE.

ROMANCE

Chantée par Mme **SABATIER**,
Aux Concerts du *Ménestrel.*

Paroles de M. Eugène de LONLAY,
Musique de M. Étienne ARNAUD.

La Musique se trouve, à Paris, chez M. HEUGEL, *édit.,*
2 *bis, rue Vivienne.*

Eglantine a l'œil plein de feux,
    De longs cils d'ébène,
    Et quinze ans à peine :
Cependant, nulle sous les cieux,
Vraiment, n'est moins vaine de ses yeux !

    Rien que pour la voir,
    Un instant le soir,
Le dimanche, on accourt de la ville.
    A la contempler,
    On se laisse aller,   } *bis.*
Tant son air est modeste et tranquille.

    Eglantine, etc.

    Près des clairs ruisseaux,
    Parmi les roseaux,
Elle joue avec l'onde ou sa chèvre ;

L'écho qui l'entend,
L'écoute et reprend,
La chanson qu'en riant dit sa lèvre.

bis.

Eglantine au printemps parfois,
Mieux qu'une sirène
Chante dans la plaine,
Cependant, nulle, je le crois,
Vraiment, n'est moins vaine de sa voix.

Le noble vieillard,
La suit du regard,
La bénit, quand joyeuse elle passe;
L'enfant souriant
L'appelle en priant,
A son cou se suspend et l'embrasse.

bis.

Eglantine, ange de douceur,
Dissipe la peine,
Nous plaît, nous entraîne,
Cependant, pleine de candeur,
Nulle n'est moins vaine de son cœur.

LE SERPENT DE LA PAROISSE

Chansonnette chantée par M. CHAUDESAIGUES.
Paroles de M. C. DELANGE, musique de M. C. PLANTADE.
La Musique chez MM. MEISSONNIER, 22, *r. Dauphine.*

A Bonneuil, tout près d' Falaise,
Si l' hasard veut que vous passiez,
Là, vrai d' moi, je s'rais ben aise
Qu'aux habitants vous parliez.
   Ils diront sûr'ment :
   Mais c'est not' serpent,
Le fils à la mèr' Gervaise ;
   Faut l' voir au lutrin,
   Il vous fait un train,
Quand il souffle dans son machin.
     Bou bou bou bou,   (*bis.*)
     Oui, le tapage
     De mon serpent,
     Bou bou bou bou,   (*bis.*)
     Donne au village
     Ben d' l'agrément.
     Oui, le tapage
     De mon serpent,
     Donne au village
     Ben d' l'agrément.
     Donne au village   (*ter.*)
     Ben d' l'agrément.
      Bou bou.

On vient exprès à l'église
Pour écouter mes solos,

C'est le langage
D'un tendre amant !
C'est le langage   (ter.)
D'un tendre amant !
Bou bou.

Sous la f'nêtr' à monsieu l' maire,
A sa fêt', la Saint-Rémy,
A ménuit, j' vas d'ordinaire,
Mais c'est là qu' ça d'vient joli ;
V'là les chiens, les chats
Dans tous leux états,
V'là les ân's qui s' mett'nt à braire ;
V'là d'un autr' côté
Les coqs en gaîté.
C't homme s' réveille enchanté.
Bou bou bou bou,   (bis.)
Grâce au tapage
De mon serpent,
Bou bou bou bou,   (bis.)
Tout le village
A d' l'agrément.
Grâce au tapage
De mon serpent,
Tout le village
A d' l'agrément
Tout le village
A d' l'agrément.
Bou bou.

Paris. — L. VIEILLOT, éditeur et seul propriétaire,
32, rue Notre-Dame-de-Nazareth.

Typ. Appert fils et Vavasseur, pass. du Caire, 54.

LES BRODEUSES
DE LA REINE.

HISTORIETTE. — 1580.

Paroles de M. Ernest Bourget,
Musique de M. P. Henrion.

La musique se trouve, à Paris, chez M. Colombier,
éditeur, 6, rue Vivienne.

Vous savez, mesdemoiselles,
Que l'on a, dans les tourelles,
Hier, surpris dans la nuit
Un homme caché sans bruit.
On dit même que cet homme,
Qu'on soupçonne gentilhomme,
Brave gardes et verroux,
Pour en voir une de nous...
Qui donc cela peut-il être?
Que je voudrais le connaître!
Si je n'avais pas si peur!
Dit chacune avec frayeur...
— Allons, chut!... il faut se taire!
Leur répond d'un ton sévère,
Leur répond, leur répond la vieille dame d'atours...
Silence, mesdemoiselles,
Bavardes sempiternelles,
Qui laissez là vos dentelles   } *bis.*
Pour broder dans vos discours.

Cavalier de bonne mine,
Il porte sur sa poitrine
Un lys du blanc le plus pur,

Brochant sur un fond d'azur;
Et la grille du vieux Louvre,
Que personne jamais n'ouvre,
Pour lui s'ouvre chaque soir,
Tant il tiendrait à nous voir.
Oui, dit la jeune Isabelle,
Dans l'ombre, hier, sa prunelle
Me causa bien de l'effroi,
Car je crus voir, qui?... le roi !
— Raison de plus pour se taire,
Leur répond d'un ton sévère,
Leur répond; leur répond la vieille dame d'atours.
Silence, mesdemoiselles, etc.

Or, c'était un jeune page
Qui causait tout ce tapage,
En se glissant chaque soir
Pour guetter, dans un coin noir ;
Le bruit vint jusqu'à la reine,
Et l'on vit dans la huitaine
Se célébrer à la cour
Un mariage d'amour.
Isabelle de Soubise,
Devenant dame et marquise,
Jura d'avoir pour époux
Le sieur Jéhan de Trévoux...
Or, depuis, ces demoiselles,
Vont cherchant dans les tourelles,
Vont cherchant (*bis*), malgré la dame d'atours,
Qui répète aux jouvencelles :
Pourquoi quitter vos dentelles?
Vous êtes nobles et belles,
Les époux viendront toujours.   } (*bis.*)

A M. Hermann-Léon,
DE L'OPÉRA-COMIQUE.

LE PYRÉNÉEN.

CHANT MONTAGNARD.

Paroles de MARC CONSTANTIN, musique de CHERET.

La musique se trouve chez COLOMBIER, éditeur,
rue Vivienne, 6.

Dans mes rochers et mes montagnes,
Dans mes vallons et mes campagnes,
 Je suis roi !
Je nargue l'orage et la foudre,
L'enivrante odeur de la poudre
 Sans effroi !
Le soir, jouant des castagnettes,
Tranquille au milieu des tempêtes
 Et du vent,
Je passe en riant la frontière,
Criant à ma troupe guerrière :
 En avant ! (*ter.*)

J'aime ma vie aventureuse,
Mon âme n'est jamais heureuse
 Qu'au combat !
Je n'ai qu'une douce pensée,
Et d'amour pour ma fiancée
 Mon cœur bat.

Ainsi que les aigles sauvages
Planant au-dessus des nuages
    Sans effort,
Je franchis torrents et distance
Avec mes mulets de Valence
    Chargés d'or. (ter.)

Oh! j'aime encor les fusillades,
Et je préfère aux sérénades
    Le doux bruit
Des torrents et de l'avalanche,
Qui roule épouvantable et blanche
    Et qui fuit ;
Car je suis l'enfant des vallées,
Et je prends sur les Pyrénées
    Mon essor,
Jusqu'au jour où, sur mon front pâle,
Je dois, recevant une balle,
    Tomber mort ! (ter.)

S'IL POUVAIT REVENIR.

MÉLODIE.

Chantée par madame UGALDE-BEAUCÉ
aux concerts du *Ménestrel*.

Paroles de M. E. de LONLAY, musique de M. E. ARNAUD.

La musique se trouve, à Paris, chez M. HEUGEL,
éditeur, 2 bis, rue Vivienne.

J'ai repoussé tout son amour
Que je n'avais pas su comprendre

Et lui, si sincère et si tendre,
Vient de me fuir et sans retour.
Du tourment que l'absence donne,
Autant que lui je vais souffrir !   } (*bis.*)
  Ah ! je lui dirais : Pardonne !
   S'il pouvait revenir !
  Ah ! je lui dirais : Pardonne !
S'il pouvait, ah ! s'il pouvait revenir !

Lorsqu'il volait vers moi, joyeux,
Rempli d'espoir et de tendresse,
De ses jeunes rivaux, sans cesse,
Je semblais accueillir les vœux.
Combien son âme pure et bonne,
En m'écoutant devait souffrir !...   } (*bis.*)
  Ah ! je lui dirais : etc.

Hélas ! tous nos rêves ont fui ;
Je maudis ces coquetteries,
Ces hommages, ces flatteries,
Je ne croirai jamais qu'en lui !...
Oui, partout son amour extrême
Me suit avec son souvenir.   } (*bis*).
  Ah ! je lui dirais : Je t'aime !
   S'il pouvait revenir...
  Ah ! je lui dirais : Je t'aime !
S'il pouvait, ah ! s'il pouvait revenir !

LA CHAINE BRISÉE.

Paroles de M. G. LEMOINE, Musique de Mlle L. PUGET.

La musique se trouve à Paris chez MM. MEISSONNIER
et fils, éditeurs, rue Dauphine, 22.

C'en est fait, à présent, de nos heures de joie !
C'en est fait, à présent, de ces jours de bonheur,
Où le frémissement de ta robe de soie
    Me faisait tressaillir le cœur !
Tous ces moments si courts, ces moments pleins de charmes,
    Ces fleurs que je cueillais pour toi,
Tout te viendra d'un autre (*bis*), et ta joie et tes larmes,
    Ce ne sera plus moi !   (*bis.*)

Moi, toujours tòn bonheur et toujours ta pensée,
Moi, j'étais cet amour qui ne dût pas finir !
Et je ne serai plus qu'une image effacée,
    De ton cœur pâle souvenir !...
Un autre aura tes vœux ; par un serment suprême
    Un autre enchaînera ta foi !...
Et celui désormais qui te dira : Je t'aime !
    Qui te dira : Je t'aime !
    Ce ne sera plus moi.   (*bis*).

Notre chaîne est brisée à présent sur la terre ;
Nous allons tous les deux suivre un autre chemin.
Celui qui veillera près de toi comme un frère,
    Celui qui pressera ta main,
A qui tu souriras chaque matin joyeuse,
    Hélas ! ce ne sera plus moi !...
Mais celui qui priera pour que tu sois heureuse,
    Pour que tu sois heureuse,
    Même oublié de toi !
    Ce sera toujours moi !

C'EST PIÉTRO SEUL QUE J'AIME.

ROMANCE.

Paroles de M. Emile BARATEAU.

Musique de M. Alph. de FELTRE.

La musique se trouve à Paris, chez M. COLOMBIER,
éditeur, 6, rue Vivienne.

Stello m'a donné la croix d'or,
La croix que je mets les dimanches ;
Et puis il m'a promis encor
Une basquine rouge et blanche,
    Rouge et blanche.
Par Réni mon doigt est orné
D'un anneau qu'il porta lui-même ;
Et Piétro ne m'a rien donné...
Pourtant, c'est Piétro, c'est Piétro seul que j'aime (*bis*).
    Piétro ne m'a rien donné (*bis*),
Et pourtant c'est Piétro seul que j'aime !

Stello me redit chaque soir
Les doux chants d'une barcarolle ;
Souvent Réni me fait asseoir
Auprès de lui dans sa gondole,
    Dans sa gondole.
Tous deux me disent tour à tour
Leur espoir ou leur peine extrême ;

Et Piétro pas un mot d'amour...
Pourtant, c'est Piétro, c'est Piétro seul que j'aime (*bis*).
De lui, pas un mot d'amour (*bis*),
Et pourtant c'est Piétro seul que j'aime !

Stello dit que s'il était roi,
Mon front porterait la couronne ;
Réni soutient que je suis, moi,
Bien plus belle que la Madone,
Que la Madone.
Stello, Réni, m'offrent leur bien...
Que faire ? ils sont riches de même ;
Et Piétro comme moi n'a rien...
Pourtant, c'est Piétro, c'est Piétro seul que j'aime (*bis*).
Piétro, comme moi, n'a rien (*bis*),
Et pourtant, c'est Piétro seul que j'aime !

SOUS LES VIEUX CHÊNES.

BALLADE.

Paroles de P. A. BOITEAU, musique de M. MARQUERIE.

Enfin le jour achève sa carrière,
  Je puis épancher ma douleur,
Et sans craindre l'éclat blessant de la lumière,
Sonder jusques au fond l'abîme de mon cœur.
    O mort qui l'a creusé, déchire
Le tissu douloureux dont sont formés mes jours;
  Unis l'exilé qui soupire
A celle dont les cieux abritent les amours!

  Sous l'épais abri des vieux chênes,
  Au fond des bois j'aime à m'asseoir;
  Quand descend déjà par les plaines
  Du haut des monts l'ombre du soir.

Que j'aime au loin l'airain sacré qui sonne:
  Il semble vibrer pour nous deux!
Que j'aime ces longs bruits du rameau qui frissonne
Et ces vents dont les cris me font gémir comme eux!
  Je venais jadis avec elle
Enivrer ma pensée au silence des nuits;
  Mais au zéphyr ouvrant son aile,
Elle s'est envolée, et j'ai pleuré depuis.

  Sous l'épais abri des vieux chênes,
  Au fond des bois j'aime à m'asseoir,
  Quand descend déjà par les plaines
  Du haut des cieux l'ombre du soir.

Mais quoi ! les bois taisent leur doux murmure,
   Les vents s'endorment dans la nuit.
Dieu ! quel est ce torrent de lumière si pure
Qui des cieux entr'ouverts descend... et qui le suit !
   Une ombre ! j'ai cru voir... c'est elle !
O sois béni, mon Dieu ! qui la rends à mes pleurs,
   Oui, la rends à mes vœux plus belle
Et rayonnante encor des célestes couleurs !

   Sous l'épais abri des vieux chênes,
   Au fond des bois j'aime à m'asseoir,
   Quand descend déjà par les plaines
   Du haut des monts l'ombre du soir.

« Non, pour longtemps Dieu ne m'a pas rendue :
   Ma voile au port se rit des mers ;
Mais je viens consoler ta douleur éperdue,
Pâle ami que j'aimais, sécher tes pleurs amers,
   Et déjà du prochain voyage
Eveiller en ton cœur le bienfaisant espoir.
   Pour plaire à Dieu, prends du courage,
Et sous les bois ici je viendrai chaque soir ! »

   Depuis ce jour sous les vieux chênes,
   Au fond des bois j'aime à m'asseoir,
   Quand descend des célestes plaines
   Celle qui m'a rendu l'espoir.

JEAN-JEAN ROMANTIQUE.

CHANSONNETTE

Paroles et musique de M. Édouard GRANGER.

La musique se trouve, à Paris, chez M. HEUGEL,
éditeur, 2 bis, rue Vivienne.

———

(Parlé.) Jean-Jean ayant fait des progrès consé-
quents dans l'art du fusil et le dégoisement des capa-
cités idéales et intellectuelles, s'est adonné à la littérature romantique pour devenir homme de plume.

Tout' la journée au régiment,
Moi, je soutiens le romantique ;
Et d'm'y connaître joliment,
Quoique Jean-Jean, un peu qu'on s'pique !
Quand que je n'suis pas d'faction,
Dam j'lis dans la littérature ;
C'n'est pas qu'jai ben d'l'ambition,   } (*bis.*)
Mais on peut un jour fair' figure.

—Oh ! ah ! dis donc, Jean-Jean, quelle drôle de chose!
Oh ! ah ! que veux-tu ? dir', par tout cela.

Dans un' vapeur de volupté,
Lorsque près de toi je me berne,
Ah ! quell' dure formalité
De s'transvaser à la caserne !...
Va, que le classique tambour,
De son son lugubre et sonore,
Porte d'angoiss's à mon amour,   } (*bis.*)
Quand il faut te quitter encore.

— Oh ! ah ! je sais qu'c'est un' bien triste chose !
Oh ! ah ! il faut pourtant qu'tu passes par là !

Quand je viens t'faire mes adieux,
Ah ! Dieu ! ne plais' que je t'embrasse,
Car embrasser c'est être heureux ;
Heureux ! ce mot est dans l'espace,
L'espac' fixe mon jugement,
Mon jugement est dans le vague !!!
  — Qu'est-c' que tu dis donc là, Jean-Jean ? } (bis)
  — N'entends-tu pas que je dis : vague !
— Oh ! ah ! vraiment que de sublimes choses!
  Oh ! ah ! t'es t'heureux de savoir tout ça !

Ton teint, ton air, tes dents, tes traits,
Ton cœur, ton ton, ton doux langage,
Et tout ton tout a des attraits,
Qui tenteraient un cœur sauvage ;
Mollement assis à tes pieds
Mes bras enlacent ta ceinture,
Manon, c'est un des contrepieds
De deux cœurs en déconfiture, } (bis.)
—Oh! ah! qu'c'est doux d's'entend' dir' d'jolies choses!
  Oh ! ah ! vrai, je n'tai jamais vu comme ça.

J'hais tous les homm's et les soldats,
J'hais l'service qu'on nous fait faire,
J'hais les navets et tous les plats
Qu'on nous sert pour notre ordinaire.
Mais j'aim' Manon, j'aim' son minois,
Et l'jour de prêt qui me r'emplume,
J'm'aime, car maintenant je vois
Que j'suis un fameux homm' de plume. } (bis.)
  — Oh ! ah ! son savoir vraiment m'en impose,
  Oh ! ah ! qu'c'est heureux d'êtr' savant comm' ça.

Paris. — L. VIEILLOT, éditeur et seul propriétaire, 32,
rue Notre-Dame-de-Nazareth.

Imprimerie Lange Lévy et Comp.; 16, rue du Croissant,